1900년대 만주 고고학
연구자료 국역총서 2

목 牧
양 羊
성 城

남만주 노철산록
한 및 한 이전 유적
조사 보고서

하라다 요시토 외 지음
박지영 · 복기대 옮김

1900년대 만주 고고학
연구자료 국역총서 2

목牧
양羊
성城

남만주 노철산록
한 및 한 이전 유적
조사 보고서

原田淑人   駒井和愛   水野淸一   江上波夫
저 자 | 하라다 요시토 · 고마이 가즈치카 · 미즈노 세이이치 · 에가미 나미오
역 자 | 박지영 · 복기대
펴낸이 | 최병식
펴낸날 | 2019년 11월 25일
펴낸곳 | 주류성출판사 www.juluesung.co.kr
서울특별시 서초구 강남대로 435 주류성빌딩 15층
TEL | 02-3481-1024(대표전화) · FAX | 02-3482-0656
e-mail | juluesung@daum.net

값 35,000원

잘못된 책은 교환해 드립니다.

ISBN 978-89-6246-410-8 94910
ISBN 978-89-6246-391-0 94910(세트)

이 도서의 국립중앙도서관 출판예정도서목록(CIP)은 서지정보유통지원시스템 홈페이지
(http://seoji.nl.go.kr)와 국가자료종합목록시스템(http://www.nl.go.kr/kolisnet)에서 이
용하실 수 있습니다. (CIP제어번호 : CIP2019045461)

동제 검병

1900년대 만주 고고학
연구자료 국역총서 2

목 牧
양 羊
성 城

남만주 노철산록
한 및 한 이전 유적
조사 보고서

하라다 요시토 외 지음
박지영 · 복기대 옮김

차 례

도판 목차

부록 1 도판 목차

부록 2 도판 목차

그림 목차

일러두기

1. 이 책은 일본의 동아고고학회(東亞考古學會)가 동방고고학총간 갑종 제2책으로 1931년 발행한 『목양성-남만주 노철산록 한 및 한 이전 유적』을 완역한 것이다.

2. 이 책의 주석은 모두 원 저자에 의한 것이다.

3. 본문 속에 언급된 지명, 단체명은 1945년 이전에 통용되던 것으로, 원문 그대로 옮겼다.

4. 외래어 표기는 중국 인명 및 지명은 한자를 한국어 발음으로 표기했으며 일본 인명 및 지명은 원어 발음을 채용했다.

5. 고유명사 및 필요한 경우의 한자는 처음 나오는 곳에 병기하는 것을 원칙으로 하였으며, 출간 당시의 표기법대로 정자체로 기입했다.

6. 본문 속에 인용된 한문 사료는 원문을 번역문 뒤에 병기하되 표점은 원저자에 따랐다.

7. 본문 속에 사용된 거리나 넓이, 길이 등의 단위는 미터법으로 환산하지 않고 원문 그대로 옮겼다. 1909년 시행된 일본식 도량형법에 의한 것으로, 1리(里)는 약 3.927㎞이고 이를 기준으로 1리=36정(町), 1정=60간(間), 1간=6척(尺), 1장(丈)=10척, 1척=10촌(寸), 1촌=10푼[分]으로 계산된다.

8. 부록1 〈목양성 부근 고묘 발견 인골〉에 사용된 해부학 용어는 원문을 충실히 옮기되 영어와 한국어를 병기했다.

9. 원본의 오류로서 명확한 오탈자는 바로잡았으나 확인 불가의 경우 그대로 두었다.

서언

이 책은 1928년 가을 동아고고학회(東亞考古學會)가 관동청(關東廳) 박물관과 협력하여 수행한 관동주(關東州) 노철산록(老鐵山麓) 목양성지(牧羊城址) 및 그 부근 고묘(古墓)의 발굴에 관한 연구보고이다. 본 조사에는, 동아고고학회 측에서 교토제국대학 문학부 고고학 교실의 교수 하마다 고사쿠(賓田耕作), 조수 시마다 사다히코(島田貞彦), 동 교실의 미즈노 세이치(水野清一), 도쿄제국대학 문학부 고고학 연구실에서 조교수 하라다 요시토(原田淑人), 연구원 고마이 가즈치카(駒井和愛), 촉탁 다자와 긴고(田澤金吾), 동 대학 이학부 인류학교실에서 연구원 야와타 이치로(八幡一郎), 그리고 학회 간사 시마무라 고자부로(島村孝三郎)가 참가하였다. 관동청박물관 측에서는 주사(主事) 나이토 히로시(内藤寬), 관원 모리 슈(森修) 2인이 협력하였고, 또 중화민국 국립 북경대학의 조교 장암(莊嚴)도 멀리서 와서 참여하였다. 이들 제군이 더러는 조사에, 더러는 서무에 진력하여 단시일에 예상 이상의 성과를 거둘 수 있었던 것은 학계를 위해 매우 경사스러운 일이라고 할 것이다.

본 조사 결과 발견한 유물은 일단 도쿄제국대학 문학부 고고학 연구실로 운반하여 정리하기로 하여, 전반은 다자와(田澤)가 담당하고, 후반은 고마이(駒井)가 전적으로 맡아 완료하게 되었다. 이 책의 집필은 각 조사원이 제시한 수기(手記)를 기초로 하였다. 제2장 목양성의 유적 및 제3장 성지 출토 유물에 대해서는 고마이가 주로 연구하여 집필하였고, 그 외는 모두 전적으로 나의 책임으로 진행된 것이다.

이 책에 실린 현장 사진은 주로 시마다(島田), 미즈노(水野), 다자와, 야와타(八幡) 4인 및 사진사 고가(古賀)가 촬영한 것을 적절히 채택하였고, 유물 사진은 모두 도쿄제국대학 문학부 조수 도쓰카 고민(戸塚幸民)의 손으로 이루어진 것이다. 그 외 한두 가지, 마쓰무라 료(松村瞭) 등의 호의를 입은 것은 도판 목록에 명기하여 따로 표기하기로 하였다. 또 실측도 중에서 현장에 관계된 것은 시마다, 다자와, 야와타, 미즈노 4인이 작성에 관여하였고, 유물에 관한 것은 모두 나의 조카인 마쓰조노 다다후미(松園忠文)의 손을 빌린 것이다. 그리고 참고 도판 중에는 모리(森), 시마다, 미즈오 3인 외에 우메하라 스에지(梅原末治)의 후의에 빚진 것이 있다.

목양성 부근의 고묘에서 발견한 인골은 교토제국대학 의학부 교수 기요노 겐지(淸野謙次), 조교수 가나세키 다케오(金關丈夫), 동 교실의 세키 마사노리(關政則) 3인의 연구에 의해 상세한 사항을 부록1로서 실을 수 있었다. 그리고 패묘(貝墓)를 구성한 패각(貝殼)과 이에 잔존했던 동물 뼈는 도쿄제국대학 이학부 동물학교실의 다키 이사오(瀧庸)로부터, 즐주묘(聖周墓)에서 발견된 칼자루(劍把)의 재질은 동 대학 공학부 조교수 미시마 도쿠시치(三島德七)로부터 조언을 받았다. 또 미즈노, 고마이 및 에가미 나미오(江上波夫) 3인이 조사한 산동성(山東省) 복산현(福山縣) 부근에 존재하는 한대(漢代)의 한 성지는 목양성의 지리적 의의에 하나의 광명을 부여하는 것이 될 것이므로, 이 또한 부록2로서 수록하기로 하였다. 영문 초록을 담당한 하라다 지로(原田治郎) 또한 우리 고고학계 사업의 일단을 충실히 구미에 소개하는 데 힘쓴 바가 많다.

　　이상의 여러분에 대해 심심한 경의와 감사의 말을 드리며, 적절히 편집하지 못하거나 혹은 기대에 부응하지 못하는 점이 많지 않을까 몰래 두려운 마음이다.

　　목양성은 여순(旅順) 요새 구역 내에 있으므로, 당초부터 당시의 사령관인 육군 소장 야마다 가쓰야스(山田勝康)에게서 지령을 받았다. 동씨의 호의에 의해 유감없이 학술적 조사를 성취할 수 있었던 점에 대해서는 조사자 일동이 감사를 빼놓을 수가 없을 것이다.

　　본 조사와 책의 간행에 대해서는 외무성 문화사업부를 비롯하여 관동청 남만주철도주식회사 등에서 다대한 원조와 편의를 입었다. 이 또한 특기하여 깊은 감사의 뜻을 표하는 바이다.

1931년 11월 3일

집필 책임자

하라다 요시토

제1장
서 설

　　남만주에는 고적이 매우 많은데, 특히 여순시(旅順市)의 서남쪽에 우뚝 솟은 노철산(老鐵山) 기슭의 높고 낮은 구릉 지대는 이전부터 유물의 출토가 많은 것으로 알려져 있다.[1] 이 지대의 서북쪽, 구만(鳩灣)에 임하는 한 구릉에 토벽으로 둘러싸인 옛 성터가 현존하고 있다. 『성경통지(盛京通志)』[2]의 기사에 의거하여 이를 목양성(木羊城)으로 비정하였는데, 잘못 전해져서 목양성(牧羊城)의 이름으로 불리고 있다. 부근에 산재하는 다른 여러 종류의 고분들과 함께, 목양성이 이 지역의 역사를 밝힐 수 있는 비밀의 열쇠인 것은 성지를 밟는 자가 모두 느끼는 바였다.

　　교토제국대학 교수 하마다 고사쿠는 일찍이 이 성지에 유의하여 1910년 10월과 1912년 6월에 두 번의 조사를 행하였다. 특히 두 번째 조사에서는 그 북변에 작은 고랑[溝, trench]을 내고 동촉(銅鏃), 각제 활고자[角製弭], 철부(鐵斧), 명도(明刀) 조각 등을 얻었다. 하지만 당시 조사 일정이 매우 짧았으므로 조직적 발굴은 뒷날을 기약했던 것이다.[3] 그리고 동아고고학회가 성립되어 제1회의 발굴을 비자와(貔

1) 鳥居龍藏, 『南滿洲調査報告』, 東京帝國大學, 1910. 賓田耕作, 「旅順刁家屯の一古墳」, 『東洋學報』 第1卷 第2號, 1911 : 「南滿洲に於ける考古學的硏究」, 『東洋學報』 第2卷 第3號·第3卷 第2號, 1912·1913. 八木奘三郎, 『南滿舊蹟志』 上篇, 南滿洲鉄道, 1924 등 참조.
2) 『盛京通志』 제15권.
3) 주석 1에 인용한 하마다(賓田)의 두 논문 속에 그 조사 보고가 나와 있다. 동씨의 『東亞考古學硏究』(1930)에도 수록되었다.

子窩) 관내 동로탄(東老灘)에서 수행하여 석기시대부터 초기 금속기시대에 걸친 연구를 행한[4] 것에 이어서, 제2회 발굴을 목양성으로 정하는 것이 시대적 연쇄상 가장 적당하다고 생각한 것이다. 하라다 요시토는 비자와 유적 조사에서 돌아오는 길에, 하마다와 함께 관동청박물관의 주사 나이토 히로시의 주선으로 목양성의 사전 조사를 행했다. 다행히 목양성은 관유지였으므로 토지의 경작 지역이 지극히 적고 토벽이 남아 있는 상태도 예전과 큰 차이가 없었다. 성내 지표면에 여전히 석기와 한와(漢瓦) 등이 산재한 것이 하마다가 조사했던 당시의 경관과 거의 다를 바가 없었으므로 조직적 발굴이 헛되지 않으리라는 것을 확신하기에 이른 것이다.

1928년 9월 제반 준비가 이루어져, 동아고고학회는 관동청 박물관과 합동하여 목양성의 발굴조사를 행하게 되었다. 학회 측에서는 교토제국대학에서 교수 하마다 고사쿠와 문학부 고고학 교실의 미즈노 세이치 2인이, 도쿄제국대학에서 하라다 요시토 외에 문학부 고고학 연구실의 촉탁 다자와 긴고와 이학부 인류학 교실의 연구원 야와타 이치로가 참가했다. 또 당시 북평(北平)에서 유학중이었던 도쿄제국대학 문학부 연구원 고마이 가즈치카가 와서 일행에 참가하였고, 교토제국대학 문학부의 조수 시마다 사다히코는 하마다의 귀국 후 대신하여 현장에 모이게 되었다. 또 학회 간사 시마무라 고자부로가 서무 임무를 담당하여 시종 현장에 체재하였고, 간사 고바야시 야스오(小林胖生)도 여러 날을 성지에서 지냈다. 관동청박물관 측에서는 나이토와 모리 슈 2인이 출장으로 조사에 함께 하였다.

성지는 10월 1일부터 발굴에 착수하여 25일에 종결되었다. 그 사이에 성지와 관련하여 부근의 고분을 조사할 필요를 인지했으므로, 특별히 별동대를 조직하여 10월 9일부터 조가탄(刁家疃)·우가탄(于家疃)·관둔자(官屯子) 등의 패묘·석묘·옹관[5] 등을 발굴하여 23일에 종결하였다.

본 조사 진행 중 안팎에서 현장에 내방한 학자들도 적지 않았다. 특히 교토제국대학 교수 하네다 도오루(羽田亨)는 북평 여행의 귀로에, 또 도쿄제국대학 조교수 마쓰무라 료(松村瞭)는 북평으로 가는 길에 이 지역을 견학하였고, 여순공과대학 교수 오구라 쓰토무(小倉勉)도 방문하였다. 이들의 조언에 의해 조사상 편익을 얻은 점도 적지 않다. 또 북경대학 고고학회에서 참여한 동 대학 조교 장암은 일주일간 일행과 숙식을 함께 하며 발굴을 도왔다.

본 조사는 목양성의 면적과 고묘의 종류 및 수에 비해 그 일정이 짧았던 것을 유감으로 여긴다. 하

....

4) 동로탄에 대한 조사는 본 총서의 제1책으로 간행되어 있다.

5) 목양성 부근에 남아 있는 고묘 중, 전곽(甎槨)이 있는 것은 이번 조사에서 발굴할 만한 적당한 것이 발견되지 않았으므로 여기서는 전혀 언급하지 않았다. 그런데 이듬해 1929년 가을에 행해진 본 학회의 제3차 조사사업에서 다행히 많은 수의 전곽묘를 발굴 조사할 수 있었다. 남산리(南山里)의 조사에 관해서는 이에 참가한 다자와 긴고(田澤金吾), 야지마 교스케(矢島恭介) 두 사람이 『고고학잡지(考古學雜誌)』 제20권 제2호 및 5호에 「여순 노철산록의 한대 분묘(旅順老鐵山麓に於ける漢代の墳墓)」라는 제목으로 그 대강을 보고하였으나, 상세한 연구보고는 현재 교토제국대학 문학부 고고학 교실에서 작성 중이므로 본서에 이어서 근간될 것이다.

지만 이 발굴에 의해 성지의 성질을 확인하고 또 패묘의 연구에 한걸음 나아갔을 뿐 아니라, 기존에 알려지지 않은 옹관, 석묘 및 동검을 동반한 이례(異例)의 고묘 등을 학계에 소개할 수 있었던 것은 매우 기쁜 일이라 할 것이다.

또 작년 5월, 고마이가 미즈노 및 에가미 나미오 두 사람과 함께 산동성(山東省)을 여행하며 지부(芝罘) 부근 삼십리보(三十里堡)에서 한 성지를 발견하였고, 그것이 지리적 또 연대적으로 목양성과 밀접한 관계가 있음을 확인하였다. 이는 본 조사에 커다란 보완을 부여하는 것이므로 이번 보고에 함께 싣기로 하였다. 이에 하라다의 감독 하에 여러 연구원이 정리한 조사 결과를 공표하게 되었다. 이하 차례로 기술하고자 한다.

제2장
목양성 유적

　　노철산 서북 기슭 구만(鳩灣)에 이르는 곳에 조가탄과 유가탄 두 취락이 점재하는데, 조가탄의 남쪽으로 수 정(町)에 걸쳐 유가탄의 동쪽에 근접하여 구릉이 융기하여 있다(도판 1, 2). 구릉의 지반은 부근 일대와 거의 같은데, 큰 결정의 석영과 장석(長石), 운모 등을 주성분으로 하는 화강질의 편마암(片磨岩)으로 형성되어 있다. 1928년 10월 1일부터 25일까지 우리들이 발굴 조사한 목양성지라고 일컬어지는 유적은 이 구릉 위에 위치하며, 동서 약 45간(間), 남북 약 73간의 장방형을 이룬 토벽이 남아 있다(도판 4).

　　이 토성지는 하마다에 의해 이미 조사된 바 있다. 1910년 6월, 북변의 중앙부에서 남북선을 따라서 폭 2척, 길이 8간의 고랑을 내고 이에 정자(丁字)형으로 동쪽을 향해 2간 길이의 곁고랑을 만들어(도판 3H) 조사한 결과, 동촉, 각제 활고자, 철부, 명도전(明刀錢) 파편 등이 수골(獸骨), 녹각(鹿角), 철제 슬래그 및 석기 단편과 함께 발견되었다.[1] 그 외에도 이전부터 고와(古瓦), 고전(古錢), 동부(銅斧), 동인(銅印) 등이 출토되어(그림 26-2, 6~8) 한대(漢代) 이전부터 한대에 걸친 중요한 유적인 점은 밝혀져 있었으나, 이번 발굴에 의해 다시 그 성질이 명확히 알려지게 된 것이다.

　　그동안 한 이전 및 한대에 걸친 이러한 종류의 유적이 조사된 것으로는, 중국에서는 하북성(河北省) 역현(易縣)의 동남쪽에 동서 2리 남북 1리에 걸쳐 거의 장방형을 이루는 성벽이 단속적으로 남아있는데(그림 1), 전국시대 말기 연국(燕國) 하도(下都)의 유적지로 추정되고 있다.[2] 조선에서는 평안남도 대동

---

1) 濱田耕作,「旅順刁家屯の一古墳」:「南滿洲に於ける考古學的研究」,『東亞考古學研究』, 1930.3.
2) 1930년 봄 중화민국 국립 경평대학(京平大學) 마형(馬衡) 교수가 주도한 연의 하도 발굴 고고단에 의해 조사

강 남쪽 연안에서 동서 약 7정, 남북 약 5정 반의 토성이 발견되었는데, 출토 유물에 의해 한말 진(晉)초의 낙랑군치(樂浪郡治) 터로 믿어진다.[3] 같은 용강군(龍岡郡) 어을동(於乙洞)에도 동서 약 83간 남북 약 64간의 거의 장방형인 토성이 존재하여 낙랑군 소속 점제현치(秥蟬縣治) 유적인 것이 밝혀졌다.[4] 또 황해도 봉산군(鳳山郡)의 토성내동(土城內洞)에 대방현치(帶方縣治)였다가 봉산군치

그림 1. 중국 하북성 역현 연국 고성지

(鳳山郡治)로 개정된 곳의 유적지로 추측되는 것도 발견되었다.[5]

목양성지로 일컬어지고 있는 유적은 이상의 여러 예에 비교하면 대체로 현치(縣治) 정도의 크기에 지나지 않는다. 목양성의 명칭은 『성경통지』 권15에, "木羊城은, 성(금주金州)의 서남쪽 150리이고, 둘레는 254보이며, 문이 하나(木羊城, 城西南一百五十里, 周圍二百五十四步, 門一)"라고 되어 있는 것에서 비정한 것인데, 언제부터인가 牧羊城으로 속칭(俗稱)된 것이다.

『전한서(前漢書)』「지리지(地理志)」하(下)의 요동군 조(遼東郡條)에는 다음과 같이 기록되어 있다.

> 호수 5만 5천 9백 72, 인구 27만 2천 5백 39이다. 현이 18인데 양평, 신창, 무려, 망평, 방, 후성, 요대, 요양, 험독, 거취, 고현, 안시, 무차, 평곽, 서안평, 문, 번한, 답씨이다.
>
> 戶五萬千九百七十二口二十七萬二千五百三十九 ○縣十八襄平, 新昌, 無慮, 望平, 房, 候城, 遼隊, 遼陽, 險瀆, 居就, 高顯, 安市, 武次, 平郭, 西安平, 文, 番汗, 沓氏.

또 『후한서(後漢書)』「군국지(郡國志)」하의 요동군 조는 다음과 같이 기록했다.

> 요동군은 11성이고 호수는 6만 4천 1백 58, 인구 8만 1천 7백 14, 양평, 신창, 무려, 망평, 후성, 안시, 평곽(철관鐵官이 있음), 서안평, 문, 반한, 답씨이다.

되었으며, 그 보고서가 출판될 예정이다. 이 조사에는 동 단체의 호의에 의해 우리도 견학할 수 있었다.
3) 關野貞 外, 『樂浪郡時代の遺蹟』(朝鮮總督府古蹟調査特別報告 第4冊), 1927, pp.9~22.
4) 위의 책, pp.234~245.
5) 위의 책, p.17.

遼東郡十一城, 戶六萬四千一百五十八, 口八萬一千七百一十四, 襄平, 新昌, 無慮,
望平, 侯城, 安市, 平郭有鐵, 西安平, 汶, 番汗, 沓氏.

　　한대 요동군의 군치(郡治)가 양평에 있었고, 이 지역이 현재의 요양 부근인 것은 추측되는 바이지만,[6] 이들 현과 성 중 어딘가로 이 목양성을 비정한다고 하면 양평부터 헤아려서 가장 먼 거리에 존재했다고 생각되는 답씨현치에 맞추는 것이 적당할지도 모르겠다.[7] 『설문(說文)』 제5편 상(上)에 답(沓)을 해석하여 "요동에 답현이 있다(遼東有沓縣)"고 하였으므로, 답씨현은 또 답현이라고도 불렸음을 알 수 있다. 그리고 이 답현이 바다를 사이에 두고 산동반도와 교통에 편리한 지위에 있었던 것은 『삼국지』 「위지(魏志)」 권4 경초(景初) 3년조에, "6월에 요동군 동답현의 관리와 백성들이 바다를 건너와 제군의 경계에 살게 되자, 옛 종성을 신답현으로 삼아 이주민들을 거주하게 했다(六月以遼東東沓縣吏民, 渡海居齊郡界, 以故縱城爲新沓縣以徙民居)"라고 한 것에 의해서도 추측할 수 있을 것이다. 또 『오지(吳志)』 권12 「육모전(陸瑁傳)」에는 손권(孫權)이 공손연(公孫淵)을 치려고 하였을 때, 육모(陸瑁)가 간언하여, "답저에서 공손연에 가는 거리가 너무 멀어서 지금 그 기슭에 도달하였는데, 군사의 세력을 셋으로 나누어 최강 군사는 진격시키고 그 다음은 배를 수비하게 했고, 또 그 다음은 군량을 운반하게 하였지만 행인이 비록 많아도 모두를 부리는 데는 어려움이 있다(沓渚去淵道里尙遠, 今到其岸, 兵勢三分, 彊者進取, 次當守船, 又次運糧, 行人雖多難得悉用)"고 했다. 이에 비추어보면, 답저가 공손연의 근거 성인 양평에서 먼 곳에 있었던 것을 알 수 있다. 또한 답저는 『자치통감(資治通鑑)』 권72의 주석에, "요동군의 답씨현은 서남쪽이 바다에 면해 있다(遼東郡沓氏縣, 西南臨海)"라고 기록하고 있으므로 답현의 해변으로 보는 것도 적당할 것이다. 이렇게 생각하면, 한대의 답씨현이 요동 부근에서 먼 거리에 있었고 그 서남쪽이 바다에 면한 지역이었음을 알 수 있다. 이는 현재 성지가 잔존하는 구릉의 서쪽 및 남쪽이 토지가 낮고 점차 경사를 이루어 멀리 산동반도를 상대하는 구만으로 이어져 있는 것과 일치한다. 따라서 이 성지를 한지(漢志)에 보이는 답씨현의 고성으로 추정하는 것도 반드시 무리는 아닐 듯하다.

　　우리는 성지의 발굴을 내부에 고랑을 뚫어 조사하는 것과, 토벽의 일부를 절단하여 연구하는 것으로 진행하였다(도판 8, 13). 우선 토성의 동서 선을 3등분하여, 동에서 3분의 1 지점을 남북으로 연장하여 기선(基線)으로 삼았고, 토성의 북변부터 15간 되는 지점을 기선상에서 취하여 이를 원점으로 했다. 그 남북의 각각 1간씩을 폭으로 취하여 동서로 고랑을 뚫어 발굴을 진행하되 지반면에 도달하는 것을 한도로 하였다. 동쪽의 제1구(區)에서 제8구, 그리고 서쪽의 제1구에서 제3구까지는 모두 이 표준에 의한

6) 稻葉君山, 「漢代の滿洲」, 『滿州歷史地理』 第1卷, 1913, p.110.
7) 이나바 군잔(稻葉君山)은 위의 책 p.127에서 답씨현을 현재의 금주(金州)로 보았지만, 야기 소자부로(八木奘三郎)가 이에 반대하여 목양성으로 비정한 것은 온당하다. 南滿洲鉄道, 『滿洲舊蹟志』 上編, 1924, p.133.

것이며, 서구의 서쪽 벽 가까이는 편의상 고랑을 1간 폭으로 축소하였다. 이어서 유물이 풍부한 동쪽 제3구와 제4구의 경계선을 남북으로 연장하여, 이 기준선의 동서로 각각 1간씩, 즉 2간 폭으로 남북의 고랑을 뚫기로 하였는데, 북쪽은 제1구에서 제6구, 남쪽은 제1구와 2구이다. 그리고 북변 부근과 남쪽 제2구에서 남쪽 벽에 이르는 사이에도 편의상 1간 폭으로 수시로 고랑을 파나가서 남북의 벽에 도달하게 되었다(도판 3).

성지의 발굴 및 동, 서, 남 세 벽의 절단은 하라다의 지도하에 미즈노, 야와타, 고마이 세 사람이 맡았고, 하마다와 시마다는 그에 대한 여러 가지 원조를 담당하였다. 또 장암은 남쪽 제1구 및 제2구의 발굴을 도왔다.

동서 각 구의 고랑에 대해서 기술하면(그림 2), 동쪽 제3구부터 서쪽 제10구 사이는 거의 같은 상황을 드러내었다. 최상층에는 내부에 돌덩이와 돌조각 등이 혼입된 5촌 남짓한 경토층(耕土層)이 있고, 이 이하의 흑갈색 토층은 점차 흑색이 농후해지면서 와편도 포함하고 있었다. 그리고 동쪽 제2구에서 서쪽 제3구에 이르는 부분에는 암흑색을 띤 유기층이 지반을 덮고 있는 부분이 있었다. 동쪽 제1구에서 제3구 사이는 흑갈색 토층에서 다수의 와편이 출토되었고, 수골(獸骨)의 잔존도 또한 적지 않았다. 서쪽 제1구에서 제10구에 이르는 부분은 와편이 적었고 대개 1척에 못미처 지반에 도달했다. 동쪽 제4구에서 제6구 사이도 또한 동쪽 제3구와 거의 같은 모양이었는데, 흑갈색 토층 내의 와편이 점점 많아져서 경토층 아래 2척에서 3척 사이에 특히 현저했다(도판 9). 그리고 동쪽 제5구와 제6구에서는 경토를 제외한 깊이 1척 5촌 안팎부터 두께 1척 정도에 이르는 돌무지[石疊]가 존재하였는데(도판 12) 와편 또한 혼입되어 있었다. 이 돌무지의 상태를 검토하기 위해 동쪽 제6구와 제5구의 절반에 이르는 폭 3간의 구역을 다시 남쪽으로 향해 2간을 파서 넓혀 동쪽 제5, 제6 남쪽 고랑으로 하였다. 이 돌무지는 남쪽 고랑의 남변에 이르러 끝났는데, 어떠한 목적으로 설비되었는지는 명확하지 않지만 이곳에 어떤 종류의 건조물이 존재했음을 말해주는 것이리라.

그리고 동쪽 제4구의 남쪽 가장자리 지반 위에는 직경 1척 4촌에 두께 3~4촌 정도의 편마암질 석괴가 하나 있었다. 그 표면은 약간 풍화되어 있었으나 편평하고 매끄럽게 만든 흔적이 확인되었다(그림 3-상). 또 같은 제5구의 남쪽 가장자리에서도 지반에 접하여 길이 2척, 두께 6촌 남짓의 단단하고 치밀한 편마암질의 석괴가 발견되었는데, 마찬가지로 표면이 편평하고 매끄럽게 되어 있었다(그림 3-하). 이들은 가령 원위치를 유지하고 있는 것이 아니라 해도, 어떤 종류의 건조물의 초석으로 사용되었던 것으로 볼 수 있을 듯하다. 그 외 동쪽 제4구와 제6구의 남쪽 고랑 안과 6구의 동쪽 가장자리, 제7구의 동측, 그리고 서쪽 제14구와 제15구 사이에도 표면이 비교적 편평하고 매끄러운 석괴가 존재했는데, 이들은 초석으로 사용된 것인지 밝히기 어려운 것이었다.

남북 고랑에 대해서 기술하면(그림 2), 남쪽 제1구 및 제2구에서는 경토를 제외한 최상층이 약간 갈색을 띤 흑색 토층이었으며 와편의 포함이 가장 많았다. 그리고 다음의 흑색 토층은 다시 남쪽으로 연장된 고랑의 그것과 연결되어 있었고, 토기 파편, 수골, 방추차(紡綞車) 등이 출토되었다.

북쪽 제1구에서 제6구에는 경토에 이어 흑갈색 토층 내에 와전(瓦甎) 단편이 많이 포함되어 있었다. 제1구에는 지반에 요혈(凹穴)이 있었는데, 그중 1개는 명료하게 동그란 윤곽을 드러내고 있었고 다른 것은 모두 부정형이었다. 이 부근의 지반은 그 자체에 심한 고저가 있었으므로 어떠한 성질의 요혈인지는 밝히기 어려웠다(도판 11).[8] 또 북쪽 제6구의 고랑 벽 북쪽 면에는 역층(礫層)이 드러나 있었는데, 서쪽에서 동쪽을 향하여 경사를 이루어 동쪽 끝에서는 거의 지반에 도달하고 있었다. 이 역층에는 어떤 유물도 포함되어 있지 않았는데, 오구라 쓰토무에 의하면 천연물이 아닌 인공적 퇴적이라고 한다.

북쪽 제8구 및 제10구는 조사의 종료 기일이 임박하여 1간 폭으로 시굴하여 조사하였다. 제8구에서는 제2층에서 와편을 본 것 외에는 아무것도 발견되지 않았다. 동남쪽 모퉁이에는 깊은 수혈(竪穴) 터가 있었는데 6척 8촌으로 지반에 달해 있었다. 서북 모퉁이에도 마찬가지로 6척 남짓한 수혈 터가 지반이 보이지 않을 정도의 깊이를 드러내고

그림 3. 목양성지 발견 초석

있었다. 이 혈을 무슨 목적으로 판 것인지는 명확하지 않으나, 이 구역의 고랑벽 서쪽면의 지반 위를 덮고 있는 암자색을 띤 흑색토가 자못 단단하고 치밀하다는 점으로 보아 이 부분이 토벽으로서의 특징을 나타내고 있는 것 같았다. 제10구에서는 깊이 1척으로 지반에 도달하였으며 명백히 한대 이전으로 추정되는 원시적 토기편을 채집했다.

남쪽 제1구 서쪽의 지반에 접해서 존재하고 있던 규암질(硅岩質)의 석괴는 그 절반이 결손되어 있었으나 직경이 거의 1척 5촌에 두께 45촌으로, 표면이 특히 편평하고 매끄러워 가공의 흔적이 역력한 것이었다(도판 10-2). 또 같은 제2구에서도 편마암질의 석괴가 주위가 작은 돌들로 굳혀진 채 발견되었는데 마찬가지로 표면이 편평하고 매끄럽게 되어 있었다. 이들은 전술한 동쪽 제4구 및 제5구에서 출토된 두 석괴와 함께 초석으로 인정해야 할 것이다. 또 북구에는 제2구의 서측에 접한 지반에 사방 1척 남짓, 두께 4촌을 헤아리는 청색 편마암질의 석괴가 작은 돌들 및 와편 등이 섞인 성토(盛土) 위에 놓여 있었다. 이 또한 그 표면이 편평하고 매끄럽게 되어 있고, 또 수평으로 놓여 있는 점으로 보아 어쩌면 원위치를 유지한 초석 중 하나로 인정될 수 있을 듯하다(도판 10-1). 그 외 북쪽 제5구의 동측에서도 표면이 비교적 편평한 석괴가 발견되었으나, 이에 대해서는 초석 여부를 밝히기 어려웠다.

다음으로 성벽에 대해서 서술하면(그림 2), 동쪽 제7구 및 제8구가 동쪽 벽에 상당하는 부분이다.

....

8) 본서 제3장 목양성지 출토 유물 G.토기 c의 제3부류 토기 조항에서 이 종류의 요혈에 대해 대응을 지하에 안치하기 위한 것일지도 모른다는 의견을 제시했다.

제8구에는 폭 2척 남짓에 높이가 내측에서 약 2척, 외측에서 약 8척을 헤아리는 토루(土壘)가 잔존하였는데, 경토 아래에서는 제 7구에도 그 경사면이 미치고 있었다. 토루는 이를 덮는 경토 부분 외에는 전혀 와전을 포함하지 않았고, 수골 및 패각과 함께 원시적 토기 잔편을 포함하고 있었다. 그 기저부에는 구릉의 경사를 완만히 하기 위해 적갈색을 띤 화강편마암의 세립(細粒)을 깔아 채웠고, 그 위에 크고 작은 석괴를 늘어놓아 1척 남짓한 층상을 이루고 있었다. 이 폭이 40척에 미치고 있었으므로 성벽의 기저부도 같은 정도였던 것으로 생각된다. 이 층 안에서는 유물을 발견하지 못했는데, 윗부분에 앞에 말한 원시적 토기 잔편이 포함된 것은 땅의 굳기로 보아 석기시대 주거터의 토양을 옮겨온 것으로 추찰된다.

서쪽 벽은 서쪽 제14, 제15 두 구에 해당하며, 벽의 잔존부의 높이가 내측에서 3척 8촌, 외측에서 9척 5촌을 헤아리고 폭은 1간 남짓이다. 기저부에 화강편마암의 세립 및 석괴가 층층이 쌓인 것 등은 동벽과 마찬가지였다. 그리고 동서 양벽 모두 한대 및 그 이후 시대로 확인되는 유물을 포함하고 있지 않으므로, 이들 토벽이 축조된 시대가 한대 이후가 아니라는 것은 자명하다.

남벽은 남쪽 제8구와 제9구에 걸쳐 있고, 동서 양벽에 비교하면 약간 넓고 낮게 잔존해 있다. 제9구 고랑벽 서쪽 면의 남변은 거의 토벽의 남쪽 끝에 상당하는데, 자갈색(紫褐色)을 띤 단단한 토질이 북쪽을 향해서 완만한 경사를 이루며 상승하다가 제8구의 남변에 이르러 갑자기 강하하고 있었다. 이 토질이 성벽을 형성하는 것이라는 점은 동서 양벽의 경우에 비추어 의심의 여지가 없다. 기저부는 폭이 무릇 60척을 헤아리는데, 따라서 남벽의 폭은 기저부에서는 10간에 이르렀던 것으로 추측된다. 토벽의 기저부에 1척 남짓의 층상을 이루며 석괴가 놓여있는 것은 동서 양벽의 경우와 마찬가지였다.

북벽은 유감스럽게도 토루가 이미 완전히 유실되어 있었고 조사 시일이 촉박하여 충분히 발굴하지 못했다. 하지만 이미 서술한 바와 같이 북쪽 제8구에서 그 흔적을 엿보아 알 수 있다. 이는 성지 전체의 위치로 생각해도 당연한 일일 것이다.

우리가 발굴해낸 주요한 유물의 출토 위치는 별표와 같다.

목양성지 출토 주요 유물표
STRATIGRAPHICAL TABLE OF MAIN RELICS FOUND AT MU-YANG-CH'ÊNG

			0-1	1-2	2-3	3-4	4-5	5-6	6-7	7-8	
동쪽고랑 각 구역 East Trench	II	석기	c석부 f석제관옥								S.
		동기			a동촉						BR.
		철기		b철부잔편							I.
		기타	a와당잔편 b토제방추차								M.
	III	석기	b석도								S.
		고전		b명도원전							C.
		기타		b와당잔편							M.
	IV	고전	b명도원전								C.
		철기			a철촉						I.
		기타							b쌍마화상반 와당		M.
	V	석기			c석부						S.
		동기	a동촉		a동촉	a2동촉					BR.
		기타		a2토제방추차	a2토제방추차	b와당잔편	b와당잔편	a토제방추차			M.
	VI	석기				e석제방추차	b석도				S.
		동기	a2동촉		a2동촉	a2동촉 d대구	a동촉	a동촉			BR.
		고전					a2명자도전잔편				C.
		기타			b와당잔편		c유리제이당 a토제방추차				M.
	VII	석기	e석제방추차	b석도	a석촉			b석도 e석제방추차	c석부		S.
		동기			a2동촉	a동촉	a동촉	a동촉			BR.
		철기				b철부	b철부 a철촉				I,
		기타			a토제방추차	b낙양반와당	a2토제방추차		a2토제방추차		M.
	VIII	석기		g동부석제거푸집			c석부 b석도 g동병석제거푸집	a석촉			S.
		기타	a토제방추차								M.
	V. VI. S	석기			c석부		a석촉				S.
		동기	a동촉					a동촉			BR.
		고전		a명자도전잔편	c일도전						C.
		기타			b와당잔편 a토제방추차						M.
	I	석기				e석제방추차					S.
		골기	b골침잔편	a골촉							B.
		고전		a명자도전잔편	d반량 b명도원전	a명자도전잔편					C.

			0-1	1-2	2-3	3-4	4-5	5-6	6-7	7-8	
남쪽 고랑 각 구역 South Trench	I	철기		a철촉	b2철부		a철촉				I.
		기타	c유리단편		b와당잔편	a2토제방추차					M.
	II	석기				b석제관옥					S.
		동기	a동촉		a동촉	a동촉					BR.
		고전	e오수	a명자도전잔편	b명도원전						C.
		철기			b철부						I.
	III	동기		e동구잔편							BR.
		고전		c일도전							C.
	V	기타					b와당잔편				M.
	VII	석기	a석촉								S.
		동기					a동촉				BR.
		기타	a2토제방추차				b와당잔편				M.
	VIII	석기					b석도	d석추			S.
		골기	e골제관옥			c골제관옥 d녹각가공품				d녹각가공품	B.
		동기			a2동촉				a동촉		BR.
		고전	e오수			d반량	a명자도전잔편	e오수	a명자도전잔편		C.
		철기				b철부				b2철부	I,
		기타		b와당잔편 d옥기	a토제방추차			a2토제방추차			M.
	IX	고전				a명자도전잔편					C.
	X	골기	b골침잔편								B.
북쪽 고랑 각 구역	I	석기	c석부		e석제방추차						S.
		동기			a동촉						BR.
		고전	d반량	d반량		a명자도전잔편					C.
		기타	c유리제팔찌잔편								M.
	II	동기			a4동촉	a동촉 d대구					BR.
		고전			d반량	a명자도전잔편					C.
		기타	a토제방추차		a2토제방추차						M.
	III	동기		a3동촉	a4동촉						BR.
		고전			a명자도전잔편						C.
		철기				c철제도자잔편					I.

			0-1	1-2	2-3	3-4	4-5	5-6	6-7	7-8	
N o r t h T r e n c h	Ⅲ	기타	a3토제방추차		a토제방추차						M.
	Ⅳ	석기		d석추 c석부							S.
		골기				a골촉					B.
		고전				d반량					C.
		기타				a토제방추차					M.
	Ⅴ	석기			a석촉						S.
		동기					a동촉				BR.
		고전		d반량	f대천오십		a명자도전잔편				C.
		철기		c철제도자잔편							I.
	Ⅵ	골기			b골제반가공품		a골촉				S.
		동기		a동촉				a동촉			BR.
		고전	d반량								C.
		철기		b철부		b철부 c철제도자					I,
		기타		b장미와당잔편							M.
	Ⅷ	석기			e석제방추차						S.
		동기		b동제활고자							BR.

INDEX

S. Stone Objects:
    a. arrow head   b. knife   c. axe   d. weight   e. spindle whorl   f. bead   g. mould

B. Bone Objects &c. :
    a. arrow head   b. needle   c. bead   d. deer's antler

BR. Bronze Objects :
    a. arrow head   b. bow end   c. *tui*   d. gridle hook   e. rim of lacquered vessel

C. Coins :
    a. *Ming-tao*, Knife shaped   b. *Ming-tao*, round   c. I-tao   d. Pan-liang   e. Wu-shu
    f. *Ta-ch'üan-wu-shin*

I. Iron implements :
    a. arrow head   b. axe   c. knife

M. Miscellaneous Objects :
    a. pottery spindle wheel   b. eave tile   c. glass   d. jade

제3장
목양성지
출토 유물

목양성지 부근에 석기시대부터 한대까지 취락이 점재하고 있었던 것은, 곽가탄(郭家疃) 패총을 비롯하여(그림 4) 풍부하게 산포된 석부와 석도[石庖丁], 토기 단편 등을 통해 알 수 있다. 또 후술하게 될 전국시대 말기부터 한대에 이르는 고분이 남아 있는 것도 이를 뒷받침한다(도판 1, 2). 본 토성도 또한 석기시대 유적지인 구릉 위에 축조된 듯한데, 각 고랑으로부터 출토된 다수의 석기류가 이를 여실히 말해주고 있다. 이하 본 성지에서 출토된 유물 각 종에 대해 기술하기로 한다.[1]

A. 석기(도판 14, 15, 그림 5 참조)

a. 석촉

합계 6개, 슬레이트(slate)제. 아래 부분을 연마하여 좌우에 다리를 만든 것으로, 남만주에서 보통

---

1) 鳥居龍藏, 『南滿洲調査報告』, 東京帝國大學, 1910 참조. 또한 본 성지의 출토 유물은 비자와 고려채(高麗寨)에서 발견된 것과 그 종류를 같이 하는 것이 적지 않으므로 특히 『비자와(貔子窩)』(東方考古學叢刊 第1冊, 1929)의 각 부분을 참조하기 바란다.

1~4: 2/3
5~20: 1/2

1-4, 6. 석부, 5. 석창, 7. 석창 잔편, 8~9. 석도 잔편,
10. 활차형 토제품, 11~20. 토기 및 잔편

그림 4. 곽가탄 패총 발견 유물

보이는 형식에 속한다. 도판 14-1은 북쪽 제5구 깊이 2척인 곳에서 출토되었으며 담록색에 길이는 1촌, 약간 긴 다리가 있다. 도판 14-6은 동쪽 제5구 남쪽 고랑의 깊이 4척 4촌 지점에서 출토된 것으로 적갈색이고, 그 끝이 파손되어 있지만 현존 부분의 길이가 8푼인 짧은 다리가 만들어져 있다. 이들 2개는 모두 양면에 맞추어 화살대[箭柄]를 끼우기 위한 홈이 파여 있다. 도판 14의 2~5는 담록색을 띠며 앞의 2개에 비하면 짧은 것들이다. 도판 14-3은 길이가 겨우 5푼에 불과하다. 도판 14-2는 남쪽 제7구의 경토에서, 14-3은 북쪽 제5구 제3층에서, 14-4는 동쪽 제8구의 깊이 5척 2촌 지점에서, 14-5는 동쪽 제7구 2척 5촌 지점에서 출토된 것이다(그림 5-1~4 참조).

b. 석도[石庖丁]

합계 6개. 모두 잔편으로 완전한 형태는 하나도 출토되지 않았다. 이 중 4개는 분암제(扮岩製)로 유흑색(黝黑色)을 띠며 예리한 칼날을 지닌 것이다. 도판 14-7~9가 그 예로서 14-9는 동쪽 제8구 깊이 4척 5촌, 14-8은 동쪽 제7구 1척 7촌, 14-7은 동쪽 제6구 제5층에서 출토되었다. 도판 14-10과 11은 회청색을 띠며 칼날은 예리하지 않다. 도판 14-10은 석영편암제(石英片岩製)로 동쪽 제3구의 표토에서, 14-11은 사암제(砂岩製)로 동쪽 제7구의 5척 5촌 깊이에서 출토된 것이다. 이들 석도는 보통 다른 석도에서 보이는 천공이 없는 것이 주목할 만하다. 성지가 존재하는 구릉의 동쪽 경사면 밭지역에서 채집된 1개의 석도 잔결(도판 14-12)은 변질 점판암제(粘板岩製)의 회청색을 띤 구멍이 있는 것이다(그림 5-5~7 참조).

이 종류의 구멍이 없는 석도는 하남성(河南省) 안양현(安陽縣) 소둔(小屯) 부근의 이른바 은허(殷墟)에서 각문 귀갑수골판(刻文龜甲獸骨板)이나 청동 기구 등과 함께 출토되어 있고,[2] 또 하북성 역현의 연국 성터에서도 발견되었다.[3] 도판 14-8의 석도 잔결이 철기 단편과 함께 출토된 것으로 생각할 때, 구멍이 없는 석도는 오히려 금속이 사용된 시대에 쓰인 것으로, 유공 석도의 퇴화 형식에 속하는 것이 아닐까.

....

2) 은허 출토의 석도로 알려져 있는 것은 대개 무공인 것이다. 1929년 중국 학자 이제(李濟)의 발굴 조사에서도 석도가 1천개 이상 발견되었는데 그중 유공은 다만 1개에 불과했다. 李濟, 『民國十八年秋工作之經過及其重要發現』(國立中央研究院歷史語言研究所專刊之一 安陽發掘報告 第2期), 1930, p.249 참조.
3) 1930년 북경대학의 마형 등이 역현 고성을 조사했을 때 동씨 일행에 의해 수집되었다.

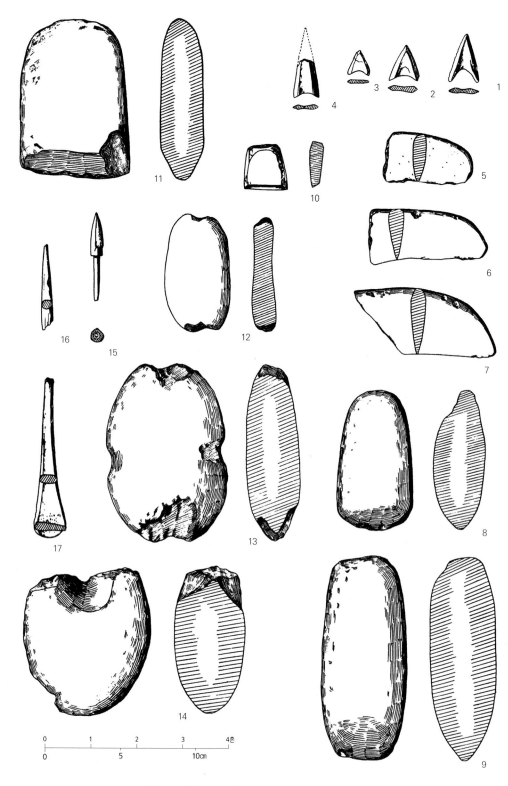

1~4. 석촉, 5~7. 석도, 8~11. 석부, 12~14.석추, 15. 골촉, 16~17. 골침 잔편

그림 5. 목양성지 발견 석기 및 골기 실측도

c. 석부(石斧)

합계 14개. 이 중 7개는 성지의 발굴에 앞서 지표상에서 채집된 것이다. 모두 마제이며 도판 15에 제시한 것은 그 주요한 것이다. 대부분은 반려암(斑糲岩)으로 만들어졌는데 단면은 타원형이고 날은 양측에 만들어졌으나 예리하지 않다. 도판 15-1은 동쪽 제5구 깊이 2척 8촌 지점에서 출토한 것으로 길이 4촌 3푼, 두께 1촌 4푼이고, 도판 15-2는 성지 표토상에서 채집된 것인데 길이 3촌, 두께 1촌 1푼이다. 동쪽 제5구 남쪽 고랑의 깊이 3척 부분에서 출토된 도판 15-3은 길이 3촌, 두께 1촌 2푼이다. 도판 15-4는 동쪽 제2구 제1층 출토로 길이 4촌 2푼, 두께 1촌 4푼이며, 그 날이 가장 둔하여 거의 날의 용도를 이루지 않는 것이다. 도판 15-5는 북쪽 제2층 출토로 길이 3촌 5푼에 두께 1촌 3푼이며, 15-6은 지표상에서 채집되었고 길이 3촌, 두께 1촌으로 전체에 불에 그을린 흔적이 존재한다(그림 5-8~9 참조).

이상의 둥그스름한 것에 비해 도판 15-8은 그 형상이 각이 지고 양측 날이 끌처럼 예리하다. 그리고 날 부분의 한쪽 끝이 다른 끝보다 약간 연마되어 있는 것이 특징이다. 반려암제이고 길이 3촌 3푼에 두께 9푼이며 성지의 지표에서 채집한 것이다. 도판 15-7은 회청색을 띤 미려한 슬레이트로 만들어진 것으로 도판 15-8과 같은 형상이지만 매우 작은 것이다. 날은 한쪽 날이고 특히 예리하게 연마되어 있다. 북쪽 제1구 깊이 9촌 지점에서 출토되었고 길이 1촌에 두께 2푼 5리이다(그림 5-10~11).

d. 석추(石錘)

합계 2개. 하나는 남쪽 제8구 깊이 5척 2촌에서 출토된 것으로 길이 3촌 7푼, 두께 1촌 1푼이고 반려암으로 만들어졌다. 편평한 타원형이며 상하 좌우 4개소에 홈을 파서 승괘(繩掛)를 만들었다(도판 15-9). 다른 하나는 북쪽 제4구 깊이 2척 지점에서 발견된 것으로 청백색을 띤 대리석제이다. 길이 2촌 5푼, 두께 5푼이고, 상하 2개소에 홈을 만든 승괘가 있다(도판 15-10). 또 성지 지표상에서 길이 3촌, 두께 1촌 5푼인 반려암제인 타원형 돌의 잔결을 채집했다. 한쪽 끝부분에 양면에서 뚫린 구멍이 있는 것으로(도판 15-11), 이 또한 석추로써 사용된 것으로 보인다(그림 5-12~14).

B. 골각기(骨角器)(도판 16 그림 5 참조)

a. 골촉(骨鏃)

합계 3개. 하나는 남쪽 제1구 깊이 1척 7촌에서 출토되었고 완형이다. 촉신(鏃身)의 길이 9푼, 경부(莖部)의 길이가 1촌이며 촉신은 삼각뿔 형상으로 세 모서리에 날개 모양이 작게 뻗어 있다. 후술할 동촉과 비교할 때 퇴화된 형식에 속하는 것임을 나타낸다. 한대에 골촉이 사용된 것은 『이아(爾雅)』의 「석기(釋器)」에 "골촉에 깃털이 없는 것을 일러 지라고 한다(骨鏃不翦羽, 謂之志)"라고 나와 있고, 『의례(儀禮)』의 「기석례(旣夕禮)」에, "깃촉이 4개인데, 골촉은 짧은 깃털이다(翭矢一乘, 骨鏃短衛)"라고 기록되어 있는 것에서도 명백하다. 또 다른 2개는 모두 촉신의 길이가 9푼인데, 북쪽 제4구 깊이 4척에서 출토된 것은 경부가 7푼 남아 있고, 북쪽 제6구 깊이 4척 2촌에서 발견된 것은 경부가 결손되었다(도판 16-1~3). 나진옥(羅振玉)은 일찍이 은허에서 출토된 골촉을 습사용(習射用)이라고 해석했는데,[4] 오히려 본 성지에서 발견된 퇴화된 골촉이 그에 해당한다고 보는 것이 적절하지 않을까(그림 5-15).

b. 골침(骨針) 잔결

2개. 하나는 남쪽 제1구 제1층에서 발견되었는데 끝부분이 1촌 8푼이다(도판 16-4). 후술할 병부(柄部)를 지닌 골침의 일부일 것이다. 다른 하나는 남쪽 제10구 제1층에서 출토된 것으로 길이 3촌 4푼이 잔존하는데, 그 한쪽 끝이 점차 넓어져서 숟가락[匕] 모양을 띠며 약간 얇아진다(도판 16-5). 다른 끝은 결손되었으나 아마 앞의 것과 같이 바늘 모양으로 뾰족한 끝을 지니고 있었던 것으로 여겨진다(그림 5-16~17).

c. 반가공 골기(骨器)

북쪽 제6구 깊이 3척에서 출토되었고 길이 1촌 7푼이다. 단면은 거의 방형(方形)을 이루며 한 끝은 약간 뾰족하고 다른 끝은 마치 병부를 구성하는 듯 가늘게 되어 있다. 반가공 상태로 무엇에 사용된 것인지 명확하지 않지만 어쩌면 골촉으로 사용된 것인지도 모른다(도판 16-6).

d. 녹각기(鹿角器)

합계 3개. 하나는 남쪽 제8구 깊이 7척 5촌 지점에서 철부(鐵斧)의 잔결과 함께 발견되었는데, 길이 6촌 5푼에 끝이 날카롭게 가공되어 있다(도판 16-8). 다른 하나는 그 간부(幹部)에 금속제의 날카로운 도구로 눈금을 낸 곳이 보이며(도판 16-7), 나머지 하나는 간부를 가공하여 손잡이 모양을 만든 것이다(도판 16-9).

4) 羅振玉, 『殷墟古器物圖錄』, 東山學社, 1916. 골촉 부분을 참조 바람.

C. 장옥류(裝玉類) (도판 18, 그림 6 참조)

a. 이당(耳璫)

동쪽 제6구 깊이 4척 3촌에서 발견된 것으로, 한대의 이당에서 보통 보이는 깔때기형이다.[5] 표면은 약간 풍화되었으나 청색을 띤 유리 제품이다. 길이 7푼, 지름은 위쪽 끝에서 2푼, 아래쪽 끝에서 1푼이다 (도판 18-2). 이 종류의 이당에 존재하는 위에서 아래로 통하는 구멍은 뚫려 있지 않지만, 후술할 성지 부근 제6호 패묘에서 출토된 이당(도판 47-3)과 비교할 때 같은 것으로 추찰된다.

또 북쪽 제1구 깊이 8촌에서 풍화된 녹색 유리제 팔찌[釧]의 작은 파편이 출토되었다. 외측은 둥글고 내측은 약간 좁아져서 단면이 비뚤어진 원형을 나타내는 것으로, 근대의 작품으로는 생각되지 않지만 연대적 확증을 얻지 못했으므로 다만 출토 사실만 부기하여 둔다.

b. 관옥(管玉)

1) 동쪽 제2구 깊이 5촌의 얕은 지점에서 발견되었으며, 길이 3푼 5리에 지름 1푼, 담청색을 띤 단단한 돌로 만들어져 있다(도판 18-3, 그림 6-21).

2) 남쪽 제2구의 3척 1촌에서 출토되었고, 길이 4푼 5리에 지름 2푼, 담록색에 흰 반점이 있는 연옥(軟玉)제이다(도판 18-4, 그림 6-20).

3) 남쪽 제8구 깊이 3척 5촌에서 출토되었고, 길이 3푼에 지름 1푼, 골제이다(도판 18-5, 그림 6-22).

4) 남쪽 제8구 깊이 8촌 지점에서 발견되었고, 길이 1푼 5리에 지름 1푼 3리, 이 또한 골제이다(도판 18-6, 그림 6-23).

c. 옥제품

남쪽 제8구의 남측을 시굴하던 중에 출토된 것으로 가늘고 긴 삼각 형상이다. 길이 1촌 3푼, 아래 바닥 폭은 5푼, 두께가 8리에 황갈색을 띠는 옥제로, 양면과 둘레 쪽이 모두 연마되어 있으나 어떠한 용도로 만들어졌는지는 밝히기 어렵다(도판 18-1, 그림 6-19).

....

5) 東京帝國大學文學部 編, 『樂浪』, 1930, p.66 참조.

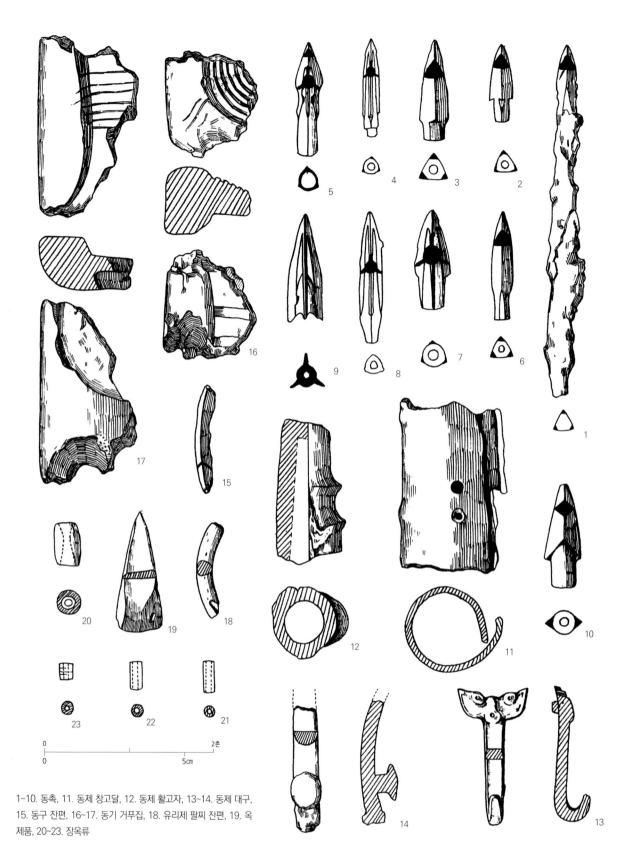

1~10. 동촉, 11. 동제 창고달, 12. 동제 활고자, 13~14. 동제 대구, 15. 동구 잔편, 16~17. 동기 거푸집, 18. 유리제 팔찌 잔편, 19. 옥제품, 20~23. 장옥류

그림 6. 목양성지 발견 동기 등 실측도

D. 동제품 (도판 17, 18, 그림 6 참조)

a. 동촉

종래 본 성지에서 발견된 동촉의 수는 매우 많았으며 그림 7과 그림 8은 그 출토된 동촉을 모은 것이다. 이번 발굴에서도 그 예를 벗어나지 않았다. 거의 삼각촉 계통에 속하는 이른바 한식촉(漢式鏃)이라 칭해지는 것이 모두 42개 출토되었는데, 대개 3종류로 구분된다.

1) 집성도 1의 1~13(그림 7) 형식에 속하는 삼각추 모양이 가장 많다. 총계 27개이고 길이는 7푼에서 1촌 2푼이다(도판 17-1~15, 그림 6-1~3, 6).

2) 집성도 1의 14~25(그림 7)에 제시된 것과 같이 지느러미 모양의 측면 날이 촉신의 세 모서리에 파생되어 있는 것이 10개로, 길이는 1촌에서 1촌 2푼에 이른다(도판 17-17~22, 그림 6-5, 7, 9). 또 이 형식에 속하는 것으로 가늘고 긴 것이 5개 출토되었는데 길이가 1촌 1푼에서 1촌 5푼이다(도판 17-23~28, 그림 6-4, 8).

3) 집성도 2의 21~22(그림 8)에 제시된 것과 같이, 양 날개를 지니며 그 단면이 마름모꼴을 이루는 것으로 길이가 1촌 2푼인 것도 발견되었다(도판 17-16, 그림 6-10).

이들 동촉의 대부분은 화살대에 삽입되어 철제 경부(莖部)에 이어지기 위해 단면이 원형을 이루는 간부(幹部)를 지니고 있는데, 집성도 2의 어떤 것은 간부가 주머니 모양을 이루거나 간부가 없이 촉신의 속이 비어서 바로 화살대를 끼우게 되어 있다(도판 17-27~28, 그림 6-5, 9). 또 철제 경부가 잔존한 것으로 길이 3촌 남짓 되는 것이 2개 있다.

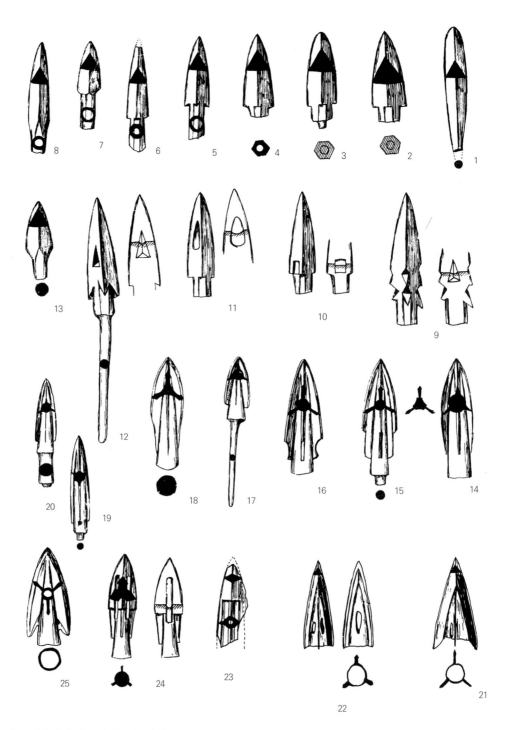

그림 7. 목양성지 기존 발견 동촉 집성도 1

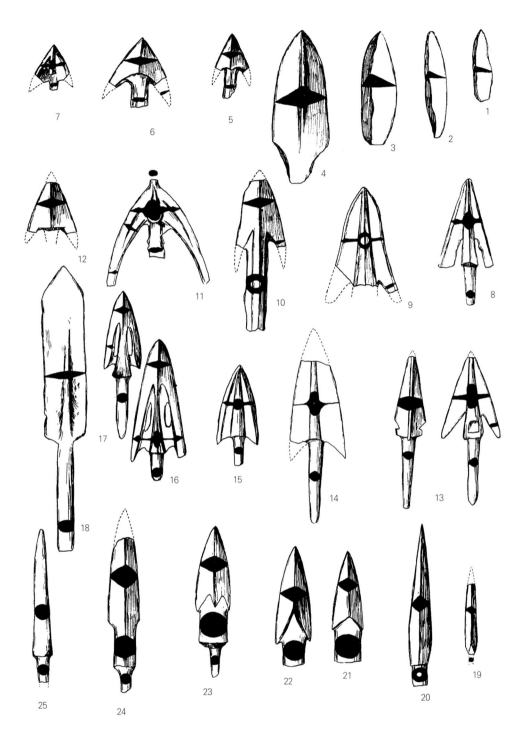

그림 8. 목양성지 기존 발견 동촉 집성도 2

b. 동제 활고자[銅弭]

1개. 본 성지에서는 일찍이 하마다에 의해 각제 활고자가 1개 발견되었는데,[6] 이번에 북쪽 제8구 깊이 1척 5촌에서 청동제 활고자가 1개 출토되었다. 길이 1촌 5푼에 구경(口徑) 7푼 5리로, 내부는 빈 구멍인데 현재는 녹으로 가득 차 있다. 외부에는 현을 걸기 위한 폭 1푼 5리 남짓의 돌기가 2개소 만들어져 있다(도판 18-10, 그림 6-12). 청동제 활고자는 관동주 비자와의 고려채에서도 발견되었다.[7] 『이아』의 「석기」에는, "활에 장식이 있는 것을 궁이라 이르고 장식이 없는 것을 미라고 이른다. 금으로 장식한 것을 선, 조개로 장식한 것을 요, 옥으로 장식한 것을 규라고 한다(弓有緣者謂之弓, 無緣者謂之弭, 以金者謂之銑, 以蜃者謂之珧, 以玉者謂之珪)"라는 기록이 보인다. 금(金)이란 고전에서는 대부분 청동을 의미하므로,[8] 이 청동제 활고자는 곧 이른바 '선(銑)'에 상당하는 것이다.[9]

c. 동제 창고달[銅鐏]

남쪽 제8구의 6척 8촌 깊이에서 출토된 것으로 길이 1촌 9푼, 지름 약 1촌이며, 흙의 압력으로 인해 파손된 개소가 겹쳐져 있다. 위 끝에서 5푼 지점에 폭 2푼의 볼록한 띠가 둘러져 있고, 못 구멍이 2개소 남아 있다. 저부는 손실되었으나, 그 형상으로 미루어 평저(平底)였던 것을 알 수 있다(도판 18-11, 그림 6-11). 이 종류는 과극(戈戟) 등의 병부 말단에 씌워 장식한 것으로, 『예기(禮記)』의 「곡례(曲禮)」에, "남에게 창을 줄 때에는 창물미를 앞으로 하고 그 날을 뒤로 한다. 남에게 세모창과 갈래창을 줄 때에는, 창고달을 앞으로 하여 준다(進戈者前其鐏, 後其刃, 進矛戟者前其鐏)"라고 나와 있고, 「정주(鄭注)」에 "아래가 뾰족한 것은 창물미이고, 아래가 편평한 것은 창고달이다(銳底曰鐏, 平底曰鐏)"라고 한 것에 의하면, 이 평저인 것은 창고달[鐏]이라 칭해야 될 것이다.[10]

d. 대구(帶鉤)

합계 2개. 하나는 동쪽 제6구의 깊이 4척에서 발견된 것으로, 길이 1촌 5푼에 두께 1푼이다. 한 끝은 구부러져 고리 모양을 이루고, 다른 한 끝은 편평하게 넓어져서 수면(獸面)을 형성하고 있다.[11] 아마

---

6) 濱田耕作, 「南滿洲に於ける考古學的研究」, 『東亞考古學研究』, 1930.
7) 東亞考古學會 編, 『貔子窩』, 앞의 책, p.58 참조.
8) 原田淑人, 「支那古代鐵刀劍考」, 『東洋學報』 第4卷 第2號, 1914 참조.
9) 馬衛, 「戈戟之研究」, 『考古學論叢2』(東亞考古學會篇), 1928 참조.
10) 위의 책 참조.

도철문이 간략화 된 것일 것이다. 수면의 뒷면에 지름 1푼 남짓의 돌기가 있는 것은 끈 걸이 금구(金具)가 파손되어 그 일부가 남은 것이다(도판 18-7, 그림 6-13).

다른 하나는 북쪽 제2구의 깊이 3척 8촌에서 출토된 길이 1촌 4푼의 잔편이다. 두께 1푼 5리에 폭은 3푼이고, 표면에 가로줄의 은상감이 새겨져 있다(도판 18-8, 그림 6-14).

e. 동구(銅釦) 잔편

남쪽 제3구의 깊이 1척 남짓에서 출토되었다. 길이는 약 1촌 1푼, 활 모양으로 휘었고 옆 가장자리는 아래쪽으로 접혀서 구부러져 있다. 아마 어떤 종류의 칠기(漆器)에 부착되었던 복륜(覆輪) 금구의 파편일 것이다[12](도판 18-9, 그림 6-15).

f. 동기 거푸집[銅器鑄笵]

2개. 모두 활석제(滑石製)로, 그 일부가 남아 있는 것에 불과하다.

1) 동부 거푸집 잔결

동쪽 제8구의 깊이 1척에서 발견되었으며, 두께 5푼에 현존하는 길이가 2촌, 폭은 1촌 남짓이다. 표면이 움푹하게 패인 형상으로 보아 동부 거푸집의 파편인 것을 명확히 알 수 있다. 움푹하게 패인 바닥면에서 측면에 걸쳐서 5줄의 가는 선이 나란히 새겨져 있는 것은, 동부의 도끼 구멍[銎/袋] 부분에 수식되었을 여러 겹의 선으로 된 철문(凸文)을 주조해내기 위한 것이다(도판 18-12). 이 종류의 동부는 북부 중국이나 남만주에서 자주 발견되는 것으로, 후술할 관둔자의 즐주묘(聖周墓)나 유가탄의 석묘에서 출토된 것도 같은 종류이다. 특히 본 성지에서 발견된 동부 중 그림 26-2에 제시한 것은 이 거푸집에 가장 잘 맞는 형상을 지니고 있다. 또 뒷면에도 움푹하게 패인 부분이 있어 뒷면도 어떤 거푸집으로 사용했음을 암시하고 있다(그림 6-17, 9-1).

11) 하마다는 목양성지 부근에서 출토된 것과 같은 종류의 대구를 구입했다(「南滿洲に於ける考古學的研究」, 앞의 글, p.375). 또한 이러한 수면을 지닌 대구는 O.Sirén, Histoire des Arts Anciens de la Chine. Tome. II에도 저자가 수집한 것이 다수 실려 있다.

12) 낙랑 제9호분 출토의 칠반(漆盤)에 이 종류의 복륜 금구가 가공된 것이 있다. 關野貞 外, 『樂浪郡時代の遺跡』, 朝鮮總督府, 1927.

2) 동병(銅鋲) 거푸집 잔결

동쪽 제8구의 깊이 4척 5촌에서 출토되었으며 두께 7푼이다. 한쪽 면을 얕게 파서 우묵하게 하였고 동심원의 각문(刻紋) 일부가 남아 있는데, 아마 한대 유물 중에서 볼 수 있는 동병의 두부(頭部)를 주조하는 거푸집으로 추측된다[13](도판 18-13). 또 다른 한 면에도 깊이 3푼 남짓의 우묵하게 패인 곳이 있는데, 그 바닥면에서 측면에 걸쳐 폭 1푼의 가로선이 나란히 새겨져 있는 점으로 추측할 때 이도 또한 동부의 거푸집으로 사용된 것으

1/1

그림 9. 목양성지 발견 거푸집 이면

로 생각할 수도 있겠다(그림 6-16, 9-2). 하지만 잔존부가 근소하므로 단정할 수는 없다. 이상의 거푸집에 활석이 사용되고 있는 것은 다른 거푸집의 예와 크게 다를 바가 없고, 앞뒤에 함께 주조 형태가 새겨져 있는 것도 또한 전화 거푸집[錢范]의 예로 미루어 의심의 여지가 없을 것이다.

E. 고천(古泉) (도판 19)

본 성지에서는 명자도전(明字刀錢) 잔편을 비롯하여, 명도원전(明刀圓錢), 일도전(一刀錢), 반량(半兩), 오수(五銖) 및 대천오십(大泉五十)이 발견되었다. 이들은 전국시대부터 한의 왕망(王莽) 시대에 이르는 동전(銅錢)으로, 이들 각 종류의 전화가 같은 개소에서, 혹은 같은 지평면에서 발견된 것은 자못 주목할 가치가 있는 것이다.

....

13) 조선 경상북도 영천군(永川郡)과 낙랑 제9호분에서 이 종류의 동병이 다수 출토되었다. 藤田·梅原·小泉, 『南朝鮮に於ける漢代の遺跡』(朝鮮總督府 大正17年度 古蹟調查報告 第2冊), 1929. 關野貞 外, 『樂浪郡時代の遺跡』, 앞의 책 참조.

a. 명자도전 잔편

본 성지의 각 고랑에서 14개나 발견되었다. 모두 중국 하북성을 중심으로 산서성(山西省), 남만주, 조선, 오키나와(琉球) 등의 각 지역에서 출토된 것과 같은 종류로, 잔편 중에는 명자(明字)가 기입된 부분도 존재한다(도판 19-1). 명자에 대해서는 전국시대 조(趙)의 신명읍(新明邑)과 관계가 있다고 설명되기도 하고, 혹은 연(燕)의 평명읍(平明邑)에서 주조된 것으로 논하는 자가 있다.[14] 이것이 하북성 역현의 연국 고성에 많이 출토되고, 연의 세력이 파급되었던 남만주와 조선에서도 발견되는 것으로 볼 때 연의 전화로 보는 것이 맞는지도 모르겠다. 만약 명자가 전화의 주조지를 나타내는 것이라면, 평명읍이라는 의미로 기입된 것으로 보는 것이 타당할 것이다.

b. 명도원전

합계 3개. 하나는 남쪽 제1구 깊이 2척 5촌에서, 또 하나는 동쪽 제3구 깊이 1척 5촌 지역에서, 나머지 하나는 동쪽 제4구에서 각각 출토되었다. 직경이 8푼 5리, 중앙에 2푼 5리의 사각 구멍이 뚫려 있는 원전으로, 표면에 명도(明刀) 두 글자가 주조되어 있다(도판 19-2). 이 전화는 아마 앞의 명자도전이 퇴화한 것으로 생각되는데, 이 또한 역현의 고성에서 많이 발견되고 있으므로 두 가지가 동시에 유통되고 있었던 것이리라. 하지만 남쪽 제1구에서는 후술할 한의 반량과 함께 발견되었으므로 한대에 내려가서도 여전히 유통되고 있었음을 알 수 있다.

c. 일도전

합계 2개. 동쪽 제6구 남측 고랑의 깊이 2척 2촌 및 남쪽 제3구 깊이 2척 지점에서 발견되었다. 형태가 명도원전보다 훨씬 작아서 직경 6푼, 구멍의 한 변이 1푼 5리에 지나지 않는다. 표면에 일도(一刀) 두 글자가 주조되어 있다(도판 19-3). 『고천회(古泉匯)』 제9책에서 이 전화를 명자도전 및 명도원전과 비교하여 다음과 같이 기록하고 있는 것은 마땅하다고 할 것이다.

　　살펴보건대, 이 일도와 명도전은 서로 유사하고, 명도전은 또 명자도와 같으므로, 주

---

14) 『古泉匯』 제6책을 비롯 『기고실길금문술(奇觚室吉金文述)』 권13에서도 조 명읍의 주전으로 보고 있고, 도리이의 『南滿洲調査報告』(p.77 참조), 하마다의 『貔子窩』(p.62 참조) 등도 또한 이에 따르고 있다. 이에 대해서 미카미 고사이(三上香哉)는 조의 신명읍 뿐만 아니라 연의 평명읍에서도 주조되었으리라고 서술하고 있다. 三上香哉, 「貨幣」, 『考古學講座』, 雄山閣, 1926, p.90 참조.

말, 진 이전에 만들어진 물건임을 알 수 있다. 다만 이전의 것이 명도보다 이미 가벼 웠는데, 이것은 이전 것보다 더 작다. 그런데 값어치는 다르지 않으니, 전법의 붕괴를 이미 대강 알 수 있다. 말세에 백성들은 가난해지고 재물은 고갈되니 번갈아 줄이는 일이 없을 수 있었겠는가.

按此刀與明刀錢相類, 而明刀錢又與明字刀同, 故知爲周末秦前之物, 但前品已輕 於明刀, 此品更小於前品, 而所直無異, 錢法之壞已可槪見, 得毋末世民貧財匱枯迭 輕減歟.

일도전은 비자와 조사 때에도 발견되었는데[15] 동질(銅質)이 현저히 조악한 점을 볼 수 있다.

d. 반량전

합계 7개. 모두 직경 8푼, 중앙에 2푼 5리의 사각 구멍이 있고 반량(半兩) 두 글자가 주조되어 있다 (도판 19-4). 반량전은 진의 시황제가 즉위한 26년에 처음 만들어져서 한대에도 계속 주조된 것인데, 본 성지에서 출토된 소형은 한대에 속하는 것이다. 『전한서』「식화지(食貨志)」하(下)에 고후(高后)에 관하 여, "효문 5년에 전화가 갈수록 많아지고 가벼워지자, 이에 다시 사수전을 주조하고 그 문양을 반량이라 고 하였다(孝文五年爲錢益多而輕乃更鑄四銖錢, 其文爲半兩)"라고 기술되어 있는 것에 해당할 것이 다. 그중에는 거푸집에서 꺼냈을 때 붙어 있던 흔적이 약간 잔존하고 있는 것도 있어, 후술할 오수 등에 비하면 제작의 정교함이 오히려 떨어진다. 이 종류의 반량전은 오수 등과 함께 인도차이나 지방에서도 발견되고 있다.[16]

e. 오수

합계 3개. 2개는 남쪽 제8구 깊이 1척 및 6척에서 각각 발견되었고, 1개는 잔편으로 남쪽 제2구의 6 촌 깊이에서 출토되었다. 직경 8푼 5리, 중앙에 3푼 크기의 사각 구멍이 만들어져 있다. 둘레가 깨끗하게 연마되고 가장자리를 따라 앞뒤 모두 윤곽이 잡혀 있는 점에서 전술한 여러 원전에 비해 한층 진보를 보

---

15) 『貔子窩』, 앞의 책, p.63 참조.

16) 프랑스의 극동학원(極東學院)이 인도차이나의 통킹(東京: 하노이) 부근에서 발굴한 고분에서 동부, 동검, 동 고(銅鼓) 등과 함께 양전(兩錢), 오수 및 화천(貨泉)이 출토되었다. Victor Goloubew, L' Age du Brinze au Tonkin et dans le Nord-Annam.(Bul. Ec. Ex. Or. XXIX. 1929 참조.

인다. 표면에 오수(五銖) 두 글자가 주조되어 있다. 뒷면은 무문으로, 구멍의 네 변에만 가장자리와 마찬가지로 윤곽을 잡았다(도판 19-5). 『전한서』「무제 본기(武帝本紀)」원수(元狩) 5년 조항에, "반량전을 혁파하고 오수전을 시행하다(罷半兩錢, 行五銖錢)"라고 기록된 바와 같이 한 무제에 의해 처음 주조된 것인데, 이후에도 오래 행해졌던 것이다. 이 종류의 오수는 조선과 만주에서도 출토되었고, 더욱이 인도차이나와 서역지방에서도 발견된다. 한대 중국의 정치적 문화적 세력의 확대에 따라 그 유통과 전파의 범위가 자못 넓었음을 명시하는 것이다.

f. 대천오십

1개. 북쪽 제4구와 제5구의 경계 지점, 깊이 2척 7촌에서 출토되었다. 직경 9푼, 중앙에 3푼의 사각 구멍이 뚫려 있고, 구멍의 상하좌우에 대천오십(大泉五十) 4글자가 주조되어 있다. 원 둘레와 구멍에 윤곽이 잡혀 있어 제작이 상당히 정교하다(도판 19-6). 『전한서』「식화지」하편에 다음과 같은 기록이 보인다.

> 왕망의 거섭 연간에 한나라의 제도를 바꾸어 주의 전법에 있는 자모상권을 사용하였다. 이에 다시 대전을 만들었는데, 직경은 1촌 2푼, 무게는 20수이고, 문양을 대천오십이라고 새겼다.
> 王莽居攝, 變漢制以周錢有子母相權於是更造大錢, 徑寸二分, 重十二銖, 文曰大泉五十.

또 같은 책 「왕망전(王莽傳)」상(上) 거섭(居攝) 2년 조항에도 다음과 같이 기록되어 있으므로 왕망의 주조와 관련하여 본 성지가 존속한 연대를 명확히 할 수 있다고 생각된다.

> 5월에 다시 화폐를 만들었는데, 착도는 한 개의 값어치가 5천, 계도는 한 개의 값어치가 5백, 대전은 한 개의 값어치가 50으로, 오수전과 함께 병행되었다.
> 五月更造貨, 錯刀一直五千, 契刀一直五百, 大錢一直五十, 與五銖錢竝行.

덧붙여 동쪽 제7구 깊이 4척 8촌과 남쪽 제3구 깊이 8촌에서는 가경통보(嘉慶通寶)가, 북쪽 제3구 깊이 1척에서는 도광통보(道光通寶)가 발견되었고, 동쪽 제6구 상층에서는 광서원보(光緒元寶)가 후세의 도기 파편 등과 함께 출토되었다. 이는 유적의 국부적 교란에서 생긴 현상에 다름아닐 것이다.

F. 철기(도판 20, 21, 그림 10 참조)

a. 철촉

청동 병기 중에서 동촉만은 철기시대에 들어서도 여전히 오랫동안 사용되었던 것으로 여겨지므로, 본 성지에서 출토된 철촉의 수가 동촉에 비해 매우 근소한 것은 반드시 그 재료가 부식되기 쉬운 탓만은 아닌 듯하다.

1) 도판 20-1에 제시한 것은 동쪽 제7구 깊이 4척 7촌에서 발견되었다. 촉신은 편평한 엽상(葉狀)이고, 길이 1촌 2푼이며 경부(莖部)는 정사각형 단면으로 길이 8푼이 남아 있다. 이 종류의 엽상 철촉은 한대 철촉의 표준형의 하나로 여겨지는 것[17]으로(그림 10-4), 조선 평안남도 대동강면 낙랑군 토성 및 그 부근에서도 발견되었다.

2) 도판 20-3은 남쪽 제1구 8촌의 깊이에서 출토된 것으로 부식 정도가 심하여 형상이 명료하지 않다. 전술한 삼각추형 동촉과 상당히 흡사한 점이 있으므로 어쩌면 같은 형식의 철촉일지도 모르겠다. 촉신의 길이 7푼, 경부의 길이 1촌 5푼 남짓이 남아 있다(그림 10-6). 그림 20-2도 같은 종류의 철촉에 속하는 듯하나 명확하지 않다.

3) 도판 20-4는 동쪽 제4구 2척 9촌의 개소에서 출토된 것이다. 끝이 예리하고 뾰족하며 촉신의 단면은 정사각형을 나타낸다. 길이 1촌 5푼, 경부는 2푼이 현존한다(그림 10-5).

4) 도판 20-5에 제시된 것은 남쪽 제1구 제5층에서 발견되었다. 길이 4촌 2푼에 끝이 약간 뾰족한 것으로, 장신(長身)의 철촉인 듯하지만 부식 정도가 심하여 그 형태를 밝히기 어렵다. 어쩌면 동촉이나 철촉 경부의 잔결일지도 모르겠다. 장신의 철촉은 일찍이 낙랑 제1호와 제2호분 발굴 때에 봉토에서도 출토되었으나, 그 특이한 제작 형태로 미루어 후세의 것이 혼입된 것으로 여겨지고 있다.[18] 따라서 이 철촉에 대해서는 당분간 의문으로 남겨둔다.

b. 철제 도자(刀子)

합계 2개. 모두 환두(環頭)가 붙어 있다.

1) 도판 20-6에 제시한 것은 북쪽 제3구 깊이 3척 1촌에서 3조각으로 절단된 채 발견되었다. 길이

---

17) 關野貞 外, 『樂浪郡時代の遺跡』, 앞의 책, p.40 참조.
18) 위의 책, p.41 참조.

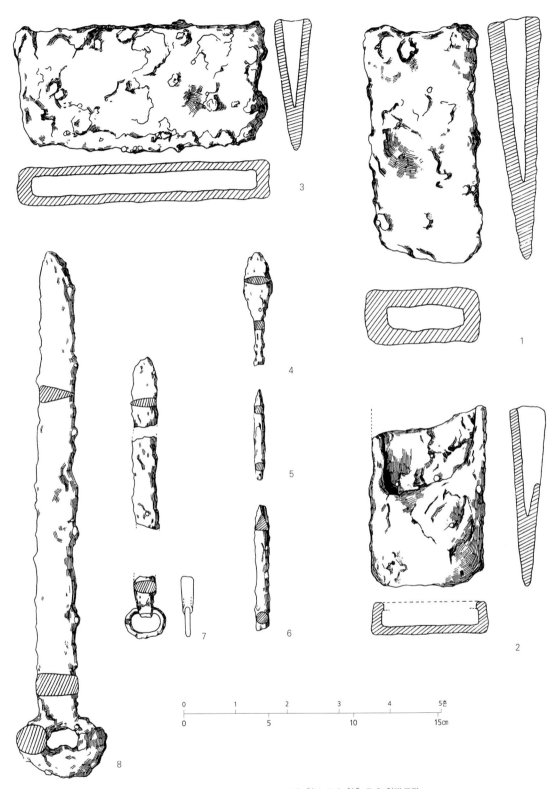

1~3. 철부, 4~6. 철촉, 7~8. 철제 도자

그림 10. 목양성지 발견 철기 실측도

약 4촌 5푼 남짓에 폭은 4푼 5리이고 청동제의 환두를 지니고 있다. 원래 동제의 도자는 인부(刃部)가 현저하게 안으로 굽어 있는데, 철제는 거의 곧은 것이다(그림 10-7).

2) 도판 20-8은 북쪽 제6구 깊이 3척 2촌에서 발견된 것으로, 완존되어 있어 이 부류 도자의 형상을 볼 수 있는 좋은 유물이다. 전장 9촌 8푼에 환두에 접하는 병부의 길이가 3촌 남짓, 두께 3푼 5리, 폭은 7푼, 인부의 길이는 6촌이다. 거의 곧은 형태로 구부러진 부분이 보이지 않는다(그림 10-8). 같은 종류 도자의 철제 환두가 북쪽 제5구 제2층에서도 출토되었다(도판 20-7).

c. 철부(鐵斧)

철부의 잔편으로 추찰되는 것이 도합 10여 개 출토되었는데, 완형에 가까운 것에 대해서만 기술해 둔다.

1) 도판 21-1에 제시한 것은 남쪽 제1구 깊이 2척 3촌에서 출토된 것이다. 현존 길이 4촌 1푼이고 부식되어 파손되었지만, 한쪽 끝은 나무 자루를 끼우도록 길이 2촌 1푼에 폭 1촌의 구멍이 나 있고 다른 쪽 끝이 인부이다. 『모시(毛詩)』 7월 「빈풍(豳風)」의 전(傳)에 "장은 사각 구멍이다(斨方銎也)"라고 기록된 것에 의하면 이 철부는 오히려 '장(斨)'이라고 칭해야 할 것이다. 도판 21-2 역시 같은 개소에서 출토된 것으로, 현존 길이 4촌 3푼에 모양 또한 완전히 같은 것이다(그림 10-1). 또 도판 21-4에 제시한 것처럼 이 종류의 철부 중에는 대형인 것도 있었는데, 남쪽 제7구 제4층에서 발견된 것으로 현존하는 길이가 6촌 남짓이다.

2) 도판 21-5에 제시한 것은 동쪽 제7구 깊이 4척에서 출토된 것으로, 그 형상은 전술한 것과 유사하지만 자루를 끼워야 할 공부(銎部)의 한 면이 잘려서 열려 있다. 잔존부의 길이는 2촌 3푼이다. 같은 도판 6과 7도 모두 이와 동일 형식에 속하는 것이다. 도판 6은 남쪽 제2구 깊이 2척 3촌에서 발견된 것으로 공부의 표면에 못 구멍이 존재하며, 도판 7은 성지 지표상에서 채집된 것이다(그림 10-2).

3) 도판 21-3은 북쪽 제6구 깊이 1척 5촌에서 출토된 것으로 완형이다. 공부가 길이 4촌 8푼에 폭 4푼 5리로 편평한 장방형을 보이고 있으나, 구멍 입구에서 겨우 2촌 2푼 길이에 곧바로 4촌 5푼의 인부가 형성되어 있다. 극히 짧막하고 가로로 넓은 것으로, 오히려 농경에 사용된 호미[鋤]의 인부로 보는 것이 타당할지도 모르겠다(그림 10-3).

G. 토기 (도판 22~31, 그림 11~14 참조)

a. 제1부류 토기

작은 단편으로 발견된 것들로(도판 22~25), 완성된 형태로 복원하는 것이 극히 곤란하지만 대체로 호옹(壺甕) 종류가 가장 많다. 갈색, 황갈색, 흑갈색의 색조를 띠며, 두꺼운 대형도 있고 얇은 소형에 속하는 것도 있다. 모두 손으로 빚어 만든 원시적인 것이며 표면은 연마되어 있다.

구경부(口頸部)의 형식은 그림 11과 같이 소문(素文)인 것 외에, 횡선을 두르거나 점선, 횡선, 사선 등의 비백문(飛白文)을 더했고, 혹은 종선문(縱線文), 격자문, 삼병문(杉竝文), 삼각문 등의 단순한 기하학 무늬를 넣거나 승문(繩文)을 찍은 것도 있다(도판 22~23). 그리고 구연(口緣)에는 새김 눈금을 늘어놓아 장식한 것이 적지 않다. 동체부의 잔편에도 경부(頸部)와 상응하는 기하학문을 새긴 것이 있고, 튀어나온 입문(粒文)이나 장식적인 파수(把手)를 지닌 것도 있다. 또 옹(甕)류의 견부(肩部)에 덧붙여졌던 파수가 다수 발견되었는데, 그 형상은 고리 모양을 가로로 걸친 것과 그저 단순히 뿔 모양으로 돌기한 것 2종류에 불과하다(도판 24-1~8). 저부는 두껍고 소박한 수법을 보이는 것이 가장 많이 보존되어 있었는데, 그 형식은 그림 11과 같이 바닥이 편평한 평저(平底), 바닥 굽이 있는 사저(絲底), 그 외 높은 대각(臺脚) 형태가 있고, 후자에는 횡선을 두르거나 종선과 사선을 병렬하여 주위를 장식한 것이 있다. 그리고 두꺼운 것 외에 극히 얇고 정교한 소형 토기에 속하는 것도 적지 않게 출토되었다(도판 24-16). 그 외 비자와 고려채에서 다수 발견된 시루[甗]나 솥[鬲]과 동일 수법을 보이는 두꺼운 토기 단편 및 그 다리의 끝부분(도판 24-9~15, 그림 11-10~12)도 출토되었는데, 수량은 그다지 많지 않았다.

이들 토기 단편은 본 유적에 뚫은 고랑의 각 부분에서 후술할 제2부류 및 제3부류 토기와 함께 혼재되어 발견되었다. 다만 동쪽 제8구 제6층 및 7층과 서쪽 제15구의 제2층 및 3층, 즉 동서 양벽의 기저부에는 패각이나 수골(獸骨)과 함께 제1부류의 토기 조각만 포함되어 있었는데, 이는 축성 때에 그 부근에 존재했던 패총의 토양을 옮겨온 것이다. 이러한 패총은 남만주 각지에 존재하는데,[19] 특히 본 유적의 근거리에 위치한 곽가탄의 패총도 성격을 같이 하는 것으로 포함된 토기도 완전히 위의 토기들과 동일한 특징을 보이고 있다(그림 4 참조). 즉 이 부류의 토기는[20] 후술할 제2부류 토기의 출현 이전, 다시 말해서 남만주의 석기시대에 속하는 것으로, 본 유적에서 발견된 토기 중 가장 오래된 것이라고 할 수 있다.

---

19) 鳥居龍藏, 『南滿洲調査報告』, 앞의 책, pp.16~19 참조.
20) 위의 책, pp.36~50 참조.

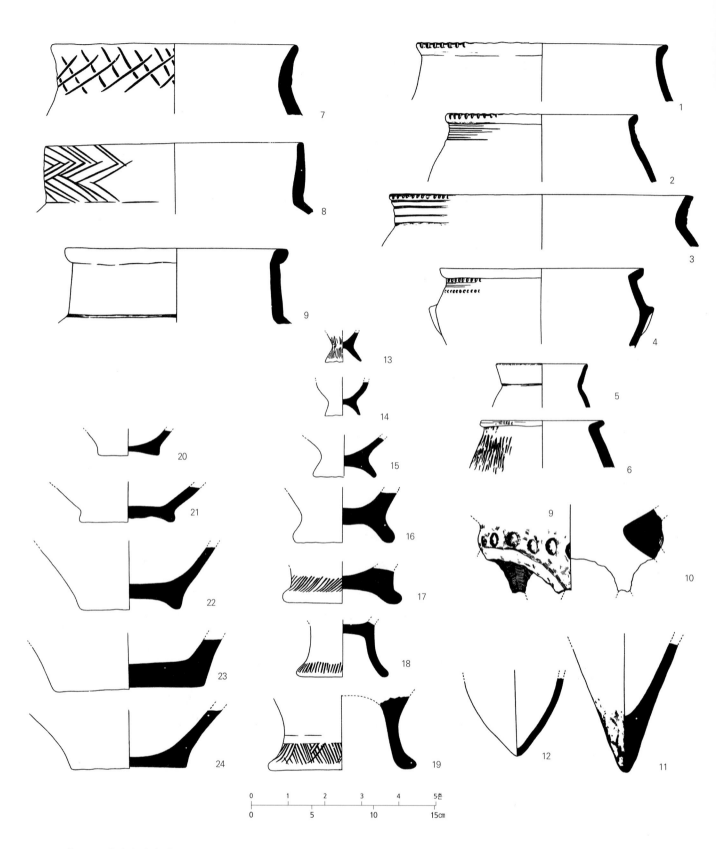

그림 11. 목양성지 발견 제1부류 토기 실측도

b. 제2부류 토기

유흑색(黝黑色)을 띠며 제법 견고하고 치밀한 소성을 보이는 와기(瓦器)이다. 구경부에 물레를 사용한 흔적을 남기고 있지만 여전히 형체의 정형이 이지러진 부분이 있는 것의 잔편이 발견되었다(도판 26~28, 그림 12). 호나 옹류에 속하는 것은 구연부가 바깥쪽을 향해 구부러져 꺾였고(도판 27-1~7), 견부에서 복부에 걸쳐 가는 승문을 세로로 찍거나 혹은 이 승문이 있는 부분을 몇 단씩 횡조대(橫條帶)를 갈고 문질러서 일종의 갑옷 미늘 모양을 이룬 것 등이 있다. 복부 이하의 잔편에도 많은 승문이 시술되어 저부까지 이어져 있는 것도 있다(도판 28-8~21). 저부는 평저이지만 오히려 환저(丸底)에 가까운 불안정한 것이 많다(도판 27-15~16).

이 부류의 토기는 전국시대부터 한대에 걸쳐 성행한 것으로 확인되고 있는데, 하북성 역현 연국의 옛 성지를 비롯하여 중국 내지에서 출토되는 것이 적지 않다. 게다가 종종 경부나 복부 등에 소전풍(小篆風)의 명기(銘記)가 새겨져 있는 것이 있다. 도쿄제국대학 문학부 고고학 연구실에 수장된 것 중에는 '卄十年正月左匋有, 左匋□造, 左匋倲陽孝□'라고 판독되는 명기가 있는데, 그 서체로 미루어볼 때 한대 이전에 속하는 것임이 명확하다. 내용 중의 '20년'은 전국시대 열국 중 어느 왕이거나, 혹은 진 시황제의 기년으로 추측할 수도 있을 듯하다[21](그림 13-1~2). 이 부류의 토기는 연국의 옛 성지로부터 빈번히 출토되었는데, 북경대학 교수 마형(馬衡)은 위에 서술한 것과 같은 글자체의 명기가 있는 것을 채집하였다.[22] 그리고 산동성 청주(青州)에서도 같은 종류의 명기가 있는 잔편이 출토되어 나진옥(羅振玉)에 의해 수취된 일이 있다(그림 13-3~4). 이들이 한대에 들어서도 만들어졌다는 것은 조선의 낙랑군 시대 유적과[23] 후술할 Ⅶ호 패묘에서 출토된 것으로 보아도 명확하다.

같은 성질의 토기로, 매끄러운 구경에 원통 모양을 한 동체부가 이어져서 크고 깊은 발형(鉢形)을 나타내는 것이 출토되었다. 이 종류에는 유흑색을 띠며 동체부의 위쪽에 완만한 아코디언식 고리띠를 중첩시키고 아래쪽에는 승문을 찍은 것과(도판 27-12), 활석(滑石) 가루를 포함하여 유흑색 혹은 적갈색을 띠며 특히 두껍고 동체부에 거친 승문이 있는 것이 있다(도판 26). 후자에 속하는 것으로는 후술할 관둔자 강변에서 발견된 옹관이 있는데, 이는 제3부류에 속하는 호형 토기를 아래쪽에 연결하고 있었지만 수법으로 보아 제2부류에 넣기로 한다.

또 본 성지에서는 두(豆: 高坏)의 기부(器部)와 각부(脚部)가 많이 발견되었다(도판 28-1~7). 두는 중국 내지와 남만주의 석기시대 유적에서 역형(鬲形) 토기와 함께 발견되었으므로 석기시대에도 이미 행해지고 있었던 것이 명백하다. 본 성지에서 발견된 것은 유흑색 또는 회갈색의 색조를 띠고 손으로 꼬

21) 東京帝國大學文學部 編, 『考古圖編』 第1輯, 1936 참조.

22) 북평대학(北平大學) 국학문(國學門) 고고학 교실에 소장되어 있다.

23) 關野貞 外, 『樂浪郡時代の遺跡』, 앞의 책, pp.291~293 참조.

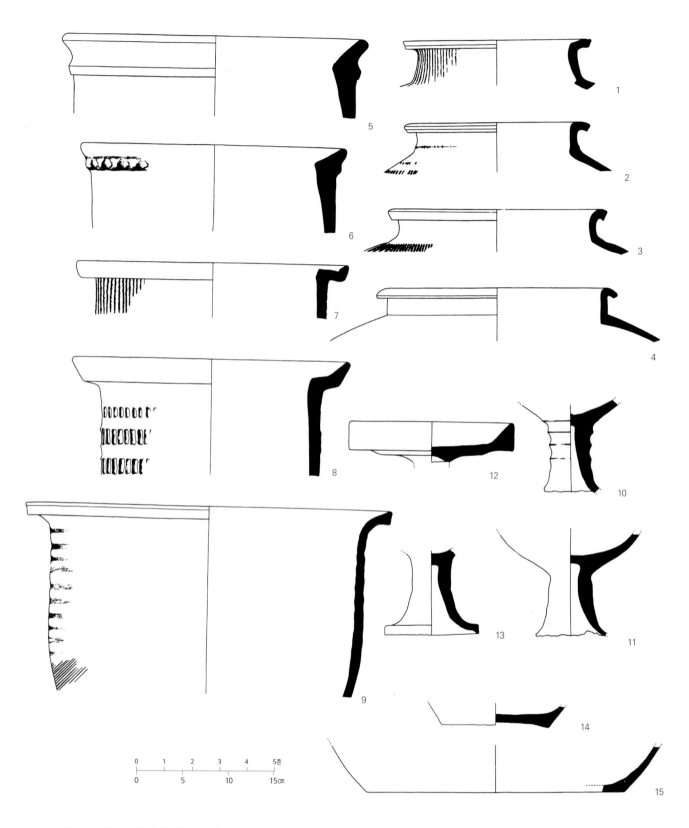

그림 12. 목양성지 발견 제2부류 토기 실측도

그림 13. 중국 내지 발견 한대 이전 토기

아 만든 것, 물레를 사용했지만 두껍고 각부에 여러 단의 고리 마디[輪節]를 만든 것, 또 유흑색에 기부가 얇고 정교한 수법을 보이고 있는 것이 있다. 원시적인 것들은 제1부류인지 제2부류인지 구별하기에 어려운 점이 있으나, 대체로 제2부류 속에 포괄시켜 두기로 한다. 전술한 호옹 종류과 도질(陶質)을 같이하고, 게다가 이 종류의 두각(豆脚)으로서 종종 제2부류의 호형 토기에서 확인되는 명기와 같은 글자체의 조인(竈印)이 찍혀 있는 것이 중국 내지에서 발견되었기 때문이다[24](그림 13-5~7). 물론 한대에 들어서도 여전히 두형 토기가 만들어진 것은 명백하며, 앞에서 기술한 얇은 토기의 잔편과 같이 형태가 정돈되고 아름다운 점이나 도질로 볼 때 한대의 소산으로 생각되므로 오히려 제3부류에 넣는 것이 타당할지도 모르겠다.

c. 제3부류 토기

본 유적의 각 고랑에서 출토되었으나 모두 단편으로, 그 원형을 복원해낼 수 있는 것은 거의 발견되지 않았다. 다만 구경부 잔결의 형태를 남만주 및 조선 낙랑군 시대의 한묘(漢墓)에서 출토된 같은 성질의 완형 토기와 비교 관찰하여, 호, 옹, 발(鉢), 완(埦) 종류가 많은 것을 확인할 수 있을 뿐이었다. 한대에 들어서도 여전히 전술한 제2부류 토기에 보이는 수법을 나타내는 것이 존속한 것은 물론이겠지만, 여기서는 주로 한대에 성행했다고 생각되는 형식에 대해서 일괄한다(도판 29~31).

이 부류의 토기는 유흑색을 띠는 것이 가장 많고, 백악(白堊)을 포함한 백색, 또 활석분이 섞인 적갈색도 있다. 유흑색을 띤 것 중에는 도토(陶土)가 자못 정선되었고 물레를 사용하여 기형이 특히 정돈되고 아름다운 점에서 전술한 제2부류 토기에 비하여 현저히 진보된 면을 볼 수 있다. 구경부와 저부의 형식은 그림 14와 같은데, 구경부를 보면 구연을 기체보다도 특별히 두껍게 정비하여 경부를 완전히 없앤것(도판 31-7~9), 구연을 약간 높게 만든 것(도판 29-8~12), 바깥쪽으로 반으로 접힌 구연과 낮은 경부를 지닌 것 등이 있다(도판 29-3~7). 발형에 속하는 것에는 바깥쪽으로 비스듬히 반으로 접은 구연과 기체의 경계선이 특히 확연한 것이 많다(도판 30). 저부가 잔존하는 것은 대부분 평저이지만(도판 31-7), 남만주나 조선 낙랑군 시대의 한묘에서 출토되는 같은 종류의 옹을 통해 볼 때 옹류에는 불안정한 환저를 지닌 것이 적지 않았으리라는 것을 유추할 수 있다.

본 유적의 고랑 안에서는 지반에 얕게 뚫린 요혈이 여러 개소 발견되었다. 어떤 이유로 만들어진 것인지 판단이 어려운 부분이지만, 북쪽 제1구의 지반에서 발견된 지름 3척 남짓의 거의 원형에 가까운 요혈은 그 부근인 북쪽 제2구 제2층에서 구경 1척 수 촌, 복부 지름이 3척 남짓으로 생각되는 대옹의 잔결

24) 濱田耕作, 「漢以前の土器に就いて」, 『東亞考古學硏究』, 앞의 책, pp.123~137 참조.

그림 14. 목양성지 발견 제3부류 토기 실측도

(도판 29-14, 그림 14-1)이 발견된 것과 관련해서 생각할 때, 이러한 대옹을 지하에 안치하기 위해 토양을 깊이 파내려간 결과로 생긴 것이 아닐까 추측된다.

이들 제3부류 토기는 표면을 특히 연마한 것 외에는 별다른 문양을 넣지 않았고, 다만 견부 아래를 주걱[篦]으로 문질러 윤을 낸 고리띠[輪帶] 등을 두르거나(도판 29-9), 또는 몇 단씩 둥글게 선을 둘러 새기거나, 혹은 완만한 고리 마디를 아코디언식으로 겹쳐 쌓아 기면을 장식하고 있는 데 불과하다(도판 31-3). 또 가는 승문을 찍은 제2부류 토기의 수법을 보이는 것도 있고, 외측에 가는 사선을 둘린 구연부(도판 30-2, 4, 5), 혹은 동체부에 조인(竈印)으로 생각되는 엽맥상의 문양이 새겨진 잔편도 발견되었으며(도판 31-12, 13), 또 시루[瓦甑]의 단편으로 추측되는 것도 두세 개 출토되었다(도판 28-16~18). 이들 토기는 모두 당시의 주방 용구였거나 적어도 일상 용기로써 사용된 것으로, 이른바 명기(明器)가 혼재되어 있었던 적은 그 동안 한 번도 없었다.

이상 세 부류의 토기는 그 특성에 의해 크게 구분한 것에 불과하다. 제1부류에 속하는 토기도 제2부류 토기가 성행한 시기까지 연속되고 있었을 것이고, 제2부류 토기의 수법이 제3부류 토기가 사용된 시기에 들어서도 남아 있었던 것은 거듭 서술한 바와 같다.

H. 방추차(紡錘車) (도판 32)

방추차는 합계 35개가 출토되었는데, 그중 석제가 6개이고 다른 것은 모두 와제(瓦製)이다. 미완성품이 많아 제작 과정을 살필 수 있는 것이 자못 흥미롭다. 다음에 그 주요한 것에 대해 기술한다.

1) 도판 32-1은 동쪽 제7구 깊이 6촌에서 출토되었고, 직경 1촌 7푼, 두께 3푼의 슬레이트제이다. 중앙에 금속제의 날카로운 기구로 뚫었다고 여겨지는 지름 3푼의 구멍이 있다. 같은 도판 2와 3도 또한 그 표준형에 해당한다.

2) 도판 32-4는 동쪽 제6구 깊이 4척 2촌에서 발견된 것으로, 승문을 찍은 한와(漢瓦)의 파편을 이용하여 만들어졌다. 직경 2촌 5푼, 두께 4푼, 중앙의 구멍 지름이 5푼으로 본 성지에서 출토된 방추차 중 가장 큰 것이다. 같은 도판 5는 이 종류의 와제품 중 소형에 속하는 것이다.

3) 도판 32-6은 동쪽 제7구 깊이 4척 8촌에서 출토되었고, 본 성지 부근에 존재한 석기시대 토기의 파편을 이용한 것이다. 두께 2푼에 지름 2푼 5리의 구멍이 있는데, 둘레 가장자리가 매우 이지러져 있는 것이 제작 도중에 있는 점을 보여준다. 이 외에도 이러한 원시 토기 파편을 이용한 것이 적지 않다. 같은 도판 7과 9가 그 예이다.

4) 도판 32-8은 북쪽 제3구 깊이 3척에서 발견되었다. 한대 토기의 파편을 이용하고 있으나 미완성

품으로, 중앙 구멍도 뚫다가 중도에 방기되었다. 두께 3푼이다.

5) 도판 32-11은 동쪽 제6구 남쪽 고랑의 깊이 2척에서 출토되었는데, 미완성품으로 아직 구멍도 뚫려 있지 않다. 재료는 이코디언식 철조대(凸條帶)가 있는 한대의 평와 단편이다. 같은 도판 10과 도판 12에 보이는 미완성품도 역시 한와의 파편을 이용한 것으로 승문이 존재한다.

석제 및 토제 방추차는 석기시대부터 이미 사용되고 있던 것으로 본 성지 부근의 곽가탄 패총에서도 거듭 출토되었지만, 이상 기술한 것의 대부분은 이 성지가 축조된 시대 이후의 유물로 추측되는 것이다.

Ⅰ. 와전(瓦甎) (도판 33~36)

a. 낙앙자 반와당(樂央字半瓦璫)

동쪽 제7구 깊이 3척 9촌에서 출토된 것으로 회흑색을 띠며, 직경은 약 6촌 5푼, 둥근 부분의 길이가 1촌 5푼 정도이다. 당면(璫面)이 거의 완존되어 있는데, 주연(周緣)이 극히 낮고 저변의 중앙에 반구가 융기되어 있으며 그것에서 바닥 선을 따라 좌우로 열린 궐수문(蕨手文)이 도드라져 있다. 반구의 위쪽은 단순화된 수형(樹形)을 부각시키고, 좌우 공간에 낙앙(樂央) 두 글자를 철자(凸字)로 도치(倒置)시켰다. 한인(漢人)의 상투적인 길상어(吉祥語)인 '장락미앙(長樂未央)' 중에서 취한 글자라는 것은 중국 내지에서 출토된 같은 종류의 반와당의 예로 미루어 명확하다(도판 33-1).

b. 장미자 반와당(長未字半瓦璫) 잔편

북쪽 제6구 제2층에서 출토되었고, 이 또한 회흑색을 띠며 왼쪽 문양으로 장(長) 자가 도치되어 있다. 전자와 같은 형식의 것으로 아마 '장미(長未)' 두 글자를 기록한 것일 텐데, 매우 파손되어 있으므로 명확하지 않다(도판 33-2).

c. 쌍마화상 반와당(雙馬畵象半瓦璫) 잔편

동쪽 제4구 제7층에서 출토된 회갈색을 띤 직경 약 6촌의 반와당 잔편이다. 주연은 폭 3분으로 극히 낮고, 면과의 사이가 한 줄의 패인 선으로 겨우 구별되어 있다. 둥근 부분은 길이 2촌 남짓이 남았고, 면부도 또한 결손되어 있다. 당면에는 머리를 아래로 숙이고 달리는 말 1필이 드러나 있다. 이러한 구도

1~3, 5~6. 하북성 역현 발견, 4, 8. 산동성 임치현 발견, 7.조선 평안남도 대동강군 발견

그림 15. 와당

는 한대 이전의 유물에서 종종 보이는데, 역현 고성에서 출토된 쌍용마(雙龍馬) 반와당이나(그림 15-5~6), 같은 고성 북부에서 출토된 청동제 장식 금구의 용마[25] 등이 표준적인 것이다. 본 와당은 역현 출토품(그림 15-3)이나 산동성 임치현(臨淄縣) 고성 출토품(그림 8)[26]과 같이 말 형태의 표현이 약간 자유로운 취지를 나타내는 것이다. 이는 시대의 추이에 따라 수법이 변이되었음을 말해주는 것이라고 할 것이다(도판 33-3).

d. 궐수문 와당(蕨手文瓦璫) 잔편

성지 지표상에서 발견된 것으로, 일견 반와당과 같은 외관을 드러내고 있지만 실제 직경 5촌 5푼의 원형에서 반이 결손된 것이다. 주연부의 높이 3푼 5리, 폭 4푼, 면의 경계에 철선(凸線)이 한 줄 둘려져 있다. 면의 중앙에는 직경 1촌 7푼의 원형을 그리고 그 안에 망문(網文)이 새겨져 있다. 사이 공간은 2줄의 선으로 4등분하여 각 구역에 일종의 궐수문을 배치했다(도판 34-1). 이 종류의 와당은 모두 7개 출토되었는데, 낙랑군 유적에서 출토된 궐수문 와당(그림 17)과 비교할 때 한와인 것이 명백하다(도판 34-2~4).

e. 평와(平瓦)

앞에서 서술한 바와 같이, 본 성지의 와편은 동쪽 제2구에서 제6구에 걸친 지점과 북쪽 제1구에서 제3구에 걸친 지점, 그리고 남쪽은 제1구와 제2구에서 빈번하게 발견되었다. 평와로서 주요한 것은 다음 3종으로 나눌 수 있다.

1) 북쪽 제3구 제2층의 것으로, 폭 1척 2촌, 두께 8푼, 현존 길이 8촌 5푼, 회색을 띤다. 바깥 면은 절반에 승문을 찍었고, 나머지 절반에 5푼 폭의 아코디언식 철조대(凸條帶)를 붙인 것이다. 이러한 아코디언식 철조대를 지닌 평와의 잔편이 자못 많이 출토되어 한와의 한 특색인 점을 알 수 있다[27](도판 35-2).

2) 동쪽 제2구 제2층에서 출토된 것으로 유흑색을 띠고 만곡된 정도가 약간 강한 것이 다. 폭 6촌 7

....

25) 역현 고성 노모대(老母臺) 북방에서 발견되었다. O.Sirén, Histoire des Arts Anciens de la Chine. Tome. II. Pl.20 및 De. Tizac, L'Arts Chinois Classique. Pl.58 참조.

26) 요나이야마 쓰네오(米內山庸夫)가 제남(濟南) 재직중 임치현 고성에서 새롭게 수집한 것으로 그 출토지가 명백한 것이다.

27) 한대의 와전에 대해서는 부록 2를 참조 바란다.

푼, 두께 3푼, 현존 길이 8촌 8푼이다. 외면에는 전면에 승문을 찍고 다시 3푼 폭의 횡조대(橫條帶)를 5푼 남짓한 간격으로 문질러 발라서 여러 단으로 나누었다(도판 35-3).

3) 동쪽 제2구 제2층에서 출토된 것으로는 회색을 띠고 외면 전체에 승문이 찍혀 있는 것이다. 두께 4푼, 현존 폭 8촌, 길이 1척 1촌이다(도판 35-1).

f. 환와(丸瓦)

평와와 함께 환와의 파편도 존재했다. 거의 완전한 형태로 복원해낸 것에 대해 보자면, 전장 1척 3촌 5푼에 만들어낸 부분의 길이 1촌 5푼, 두께 3푼이다. 유흑색을 띠며 표면에는 상부에 철조문(凸條文), 하부에 승문이 나타나 있고, 이면에는 요조문(凹條文)이 조잡하게 만들어져 있다(도판 35-4).

g. 벽돌[甎]

와편이 많이 출토되는 지역에서 벽돌의 잔편이 약간 발견되었는데, 그 종류는 거의 3가지로 나누어진다. 이 종류의 벽돌은 건축물의 바닥에 깔렸던 것으로 생각된다.

1) 제1부류의 예는 북쪽 제1구 제2층에서 출토된 것으로, 회색을 띠고 두께 1촌 2푼, 폭 5촌, 길이는 4촌 정도가 잔존해 있다. 표면에는 2줄의 교차된 철조문이 나타나 있고, 한 끝에는 폭 1촌 남짓한 철연(凸緣)이 만들어져 있다. 이면은 무문이다(도판 36-4).

2) 제2부류의 예는 동쪽 제2구 제1층에서 출토된 것으로, 회색을 띠며 두께 1촌, 폭 5촌 5푼, 길이는 6촌 5푼이 현존해 있다. 표면에는 2줄의 교차된 철조문의 절반이 보이며 이면에는 승문을 눌러 붙였다(도판 36-2). 이 종류의 벽돌이 가장 많이 발견되었는데 같은 도판 3에 제시한 것도 그 한 예이다. 북쪽 제1구 제2층에서 출토되었으며, 두께 8분, 현존 폭 4촌, 길이 5촌이다.

3) 제3부류의 예는 동쪽 제5구 제2층에서 출토된 것으로, 두께 1촌 7푼, 폭 5촌 4푼, 길이는 5촌 7푼이 잔존해 있다. 표면에는 전면에 승문을 찍었고, 이면은 완전 무문이다(도판 36-1). 또한 이 종류의 벽돌로 표리에 모두 문양이 없는 것의 단편이 북쪽 제1구 제2층에서 발견되었다.

제4장
목양성 부근의
고묘

　　남만주는 그 풍토가 중국 내지와 유사한 점이 있으므로 하북과 산동 양 방면의 중국 민족이 예로부터 왕성하게 이 땅에 이주했다. 따라서 이들 이주자가 남긴 고묘와 이에 매장된 유물이 중국 문화의 특질을 발휘하고 있는 것은 조금도 이상할 것이 없다. 이러한 상황은 비단 문헌이 명시하는 전국시대 이후뿐만이 아니라 멀리 석기시대에도 그러했다. 남만주 출토의 석기나 토기가 중국 내지에서 발견되는 것과 명백히 같은 성질을 나타내는 것이 있고,[1] 특히 비자와 관내 동로탄에 인접한 소서 단타자(小嶼單砣子)에서 발견된 석기시대 묘 중의 인골은 앤더슨이 발견한 중국 고대민족의 그것과 근사하다.[2] 게다가 이에 부장된 유공 석부가 하북 산서 등에서 출토된 것과 동일한 형식[3]을 보이며, 또 중국 주한(周漢)의 옥기(玉器)와 밀접한 관계[4]를 지니고 있는 점으로도 알 수 있다. 이 지방은 전국시대에 들어서면서부터 하북에 근거한 연국의 세력 범위에 속하였고 진한시대에는 요동부 소재지였으므로,[5] 이들 각 시대의 유물이

1) 토기에 관해서는 駒井和愛, 「山東省黃縣龍口附近貝塚に就いて」, 『東方學報』(東京) 第1冊, 1931, pp.187~194 참조.
2) 淸野·金關·平井, 「關東州貔子窩遺跡より發掘したる人骨に就いて」, 『貔子窩』(東方考古學叢刊 第1冊) 附錄, 1929, p.18 참조.
3) 도쿄제국대학 문학부 고고학연구실에 소장된 산서성 노안(潞安) 및 대동현성(大同縣城) 부근 발견의 유공 석부가 그 한 예이다. 동연구실 편, 『考古圖編』第2輯 圖版1 및 第5輯 圖版, 1930 참조.
4) 濱田耕作, 『有竹齋古玉譜』, 1926, pp.12~15.
5) 『史記』「朝鮮列傳」 및 『前漢書』「地理誌」.

이 토양 속에 포함된 것은 굳이 이상할 것이 없다. 남만주에 현존하는 고묘 중에는 한대에 속하는 것이 가장 많은 수를 차지하는데, 북쪽은 당시의 정치적 중심을 이룬 요양 부근으로부터 남쪽으로는 여순 방면에 이르기까지 곳곳에 점재하고 있다.[6] 그리고 여순의 노철산록은 그 분포가 가장 농후한 지역의 하나라고 할 수 있다. 대개 이 지역은 만주에서 기후가 가장 좋고 또 산동과의 교통이 상당히 양호하므로 이주민의 안주지로서 선택되었음을 미루어 살피기에 어렵지 않다.

목양성지 발굴을 맞이하여 이와 관계된 부근의 유적, 특히 각종의 고묘를 조사하는 것은 당초부터의 목적이었으므로, 성지 발굴 진행 중 사방의 지역을 두루 순행하며 탐구를 게을리 하지 않았다. 마침 나이토가 조가탄 북쪽 계곡에 연한 구릉에서 패묘의 단면이 노출되어 있는 것을 발견한 후로 순차적으로 패묘의 소재를 알았고, 다자와와 모리가 별동대가 되어 시마다의 원조 속에 조가탄·윤가탄·우가탄 방면의 패묘를 발굴하였다. 그 사이에 윤가탄 관둔자 강가에서 동기(銅器)가 매장된 이례적인 고묘와 그 부근에 노출되어 있던 옹관 매장의 고묘를 조사하였는데, 이는 본 조사 개시에 앞서 토착민에 의해 발견된 것이다. 또 남산리(南山里) 파출소장 세토구치 히데토시(瀨戶口秀俊)의 보고에 의하여 같은 지역에서 석묘를 발굴하여 기대 이상의 결과를 거둘 수 있었다. 이하 차례대로 각종의 고묘 및 매장된 유물에 대해 기술한다.

A. 패묘

Ⅰ호 패묘

조가탄 촌락 북쪽의 계곡에 연한 구릉지의 단애에 그 종단면이 노출되어 있던 것으로(도판 37-1, 38-1), 다음에 서술할 Ⅱ호 패묘와 함께 우리가 최초로 발견한 패묘이다. 종래 패묘의 구조에 관한 여러 보고가 약간 개론적이었던 탓인지 패묘에 대한 우리의 개념은 그리 충분하지 않았으나, 이 두 패묘의 단면을 발견하고부터 점차 패묘 발굴에 대한 지침을 얻었다. 본 패묘의 단면은 거의 장방형의 상자 모양을 이루는데, 둘레 벽을 구성하는 패각이 그 윤곽을 나타내고 있다. Ⅱ호 패묘의 노출 단면과 비교하여 그것이 종단면인 것을 알 수 있었다.

본 묘가 존재하는 구릉 위는 평탄하게 깎여서 밭지역을 이루고 있는데, 본 묘는 Ⅱ호 패묘와 함께

<hr>

6) 鳥居龍藏, 『南滿洲調査報告』 第5章, 東京帝國大學, 1910. 八木奘三郎, 『滿州舊蹟志』 上卷 第2編 第1章, 南滿洲鉄道, 1924 참조.

단애에 위치하여 겨우 그 존재를 유지하고 있었던 것이다. 밭 표면에서 1척 남짓을 발굴하여 둘레 벽의 패각층에 도달하였고, 이를 따라 토양을 제거하고 패벽을 보존하면서 파내려 갔다. 패벽은 거의 남북으로 위치한 장방형의 상자모양을 이루었는데, 남벽의 서쪽 끝 가까운 지점부터 북벽의 동쪽 끝 가까운 부분까지 대각선상으로 절단되어 그 한쪽 반이 결손되어 있었다. 내부 길이가 약 7척, 패벽의 두께는 약 7 촌을 헤아렸다. 그리고 패벽의 위쪽 끝에서 묘 바닥까지 깊이는 약 1척 5촌이었다. 천정부가 붕괴된 것으로 생각되는 패각을 제거하고 검토했을 때, 묘 바닥은 전체가 평탄하게 깎여져 있었고 토압 때문에 부서진 상태의 와반(瓦盤)과 와호(瓦壺) 4개가 동쪽 벽을 따라 교대로 종렬되어 있었다(도판 38-2). 유골은 와기의 서측에 존재했던 것으로 생각되는데 패묘의 반쪽 부분과 함께 이미 떨어져나가서 소멸되었다. 유물은 와기 외에는 아무것도 발견되지 않았다.

a. 와반

도판 39-1은 지름 7촌 2푼, 높이 2촌 9푼이고, 도판 39-3은 지름 9촌, 높이 3촌 2푼이다. 전자는 유흑색을 띠고 형태가 철발(鐵鉢) 모양을 이루고 있으며, 후자는 흑갈색을 띠고 폭이 좁은 연부(緣部)를 이루고 있다. 모두 한식(漢式) 토기에 속하는 것으로, 표면에 물레 흔적이 존재하며 복부에는 승흔(繩痕)이 둘려져 있다(그림 16-4).

b. 와호

도판 39-2는 구경 4촌 6푼 5리, 높이 5촌 3푼이며, 도판 39-4는 구경 4촌 4푼, 높이 6촌으로, 모두 반(盤)과 같은 성질의 와기이다. 전자는 거의 구형(球形)이며(그림 16-12), 후자는 그 견부가 약간 튀어나와 있다. 전자의 복부에는 승흔이 찍혀 있다.

Ⅱ호 패묘

Ⅰ호 패묘의 남쪽 가까이에 횡단면이 노출되어 있던 것으로(도판 37-2), 거의 동서로 위치를 잡고 있던 것이다. 패벽은 상자 모양을 이루었는데(도판 40-1) 내부 폭은 약 4척이며 끝 부분이 단애 때문에 절단되어 있었다. 패벽 내측의 아래쪽에 판 모양의 썩은 목편이 존재했는데, 이는 후술하겠지만 패묘의 구조를 이해하는 데 있어서 매우 좋은 자료가 되는 것이다. 패벽 안에 메워진 토양과 패각을 제거하니 남벽에 근접한 묘 바닥은 무너져 결손되어 있었으나 종렬로 놓여 있는 2개의 와호가 발견되었다(도판 40-2).

· 와호

도판 41-1은 구경 3촌, 높이 7촌 5푼이고, 41-2는 구경 6촌 2푼, 높이 9촌 4푼이다. 전자는 키가 크

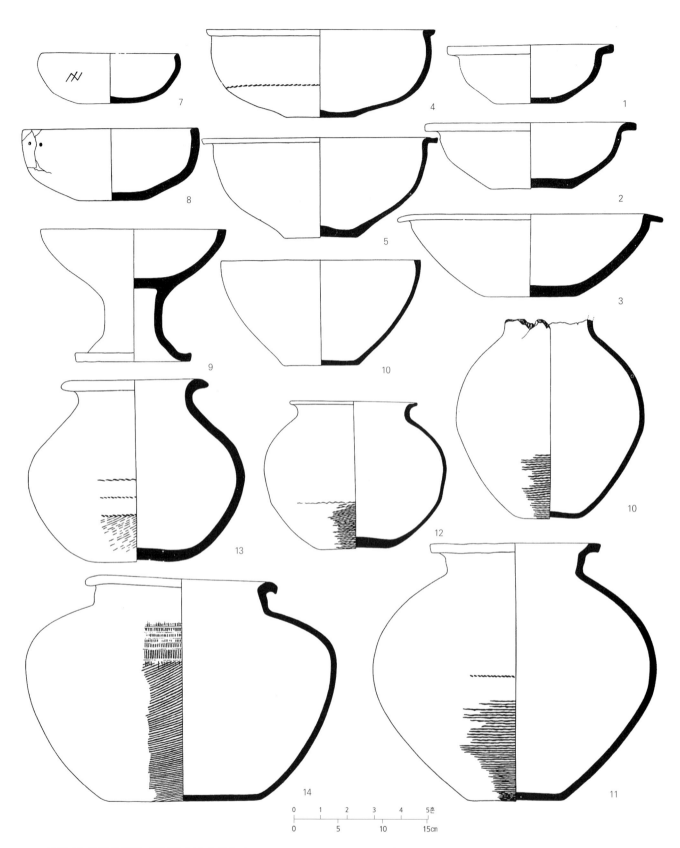

그림 16. 목양성 부근 패묘 발견 토기 실측도

고 바닥면이 작아서 상당히 불안정한 외관이다. 이에 비해 후자는 복부가 부풀고 바닥면이 넓어서 안정된 자세를 보이고 있다. 모두 유흑색의 와제로, 각각 하복부를 빙 둘러 전체에 승문이 찍혀 있다. 후자는 발굴 때 일부에 주흔(朱痕)이 남아 있는 것이 확인되었다(그림 16-10~11).

본 묘는 전체의 약 절반이 절단되어 있었으므로 매장 와기의 일부가 벼랑 아래로 추락하여 파손된 것으로 추측된다. 우리가 이 벼랑 아래에서 습득한 와기 잔결 같은 것도 아마 본 묘의 와기군 중의 하나일 것이다. 나열된 와기의 북측을 따라 유해 상반신의 부식된 골편이 그 위치를 보존한 채로 남아 있었다.

III호 패묘

I호 패묘의 동쪽 약간 높은 곳에 해당하며, 같은 구릉의 남쪽 경사면이 밭지역으로 잘려진 낮은 벼랑면에 노출되어 있었다(도판 42-1). 수부(首部)를 동쪽으로 향한 장방형 상자 모양으로, 구조 및 규모는 앞에 기술한 두 패묘와 거의 마찬가지였다. 좌측이 붕괴되어(도판 42-2) 그곳에 종렬되어 있었을 와기는 완전히 자취가 없고, 유골의 일부도 벼랑 아래의 밭지역으로 떨어진 채 얕게 묻혀 있었다.

IV호 패묘

윤가탄 촌락의 서남쪽에 해당하며 관둔자 강으로 통하는 좁은 건구(乾溝)의 왼쪽 기슭 위에 그 횡단면이 노출되어 있었다(도판 43-1). 대부분은 이미 결손되어 유골 및 와기는 작은 단편이 존재하는 데 불과했다(도판 43-2).

V호 패묘

유가탄 촌락의 북쪽에 해당하며 밭지역이 함몰되어 계곡 모양을 이룬 부분의 왼쪽 기슭 위에 있었다(도판 44-1). 지름길로 인해 좌측이 절단되어 있었으나 장방형의 상자 모양이고 규모는 앞의 패묘들과 거의 동일하다. 매장된 유골 및 유물이 거의 원위치 그대로 발견되어(도판 44-2) 이번에 발굴한 패묘 중 가장 주요한 것이라고 할 수 있다. 패곽의 수부는 북서쪽으로 향하였고, 유골은 두개(頭蓋)가 파손되어 있었으나 앙와(仰臥) 자세로 완존되어 있었다. 유골 좌측에 와기 7개가 부서진 채 종렬되어 있었다. 와기는 다음과 같다.

a. 와반

도판 45-1은 지름 6촌 5푼, 높이 3촌이고, 도판 45-2는 지름 8촌 8푼에 높이 3촌 5푼, 도판 45-6은

지름 5촌 1푼에 높이 1촌 8푼, 도판 45-7은 지름 7촌 5푼, 높이 3촌 6푼이다. 1호와 6호 와반은 철발 형태이며 2호는 폭이 좁은 연부(緣部)를 가지고 있다. 7호 와반은 약간 깊어서 완(椀) 형태에 가깝다. 모두 한식 토기에 속하며, 6호가 회갈색인 것을 제외하고 나머지는 모두 유흑색을 띠고 있다. 2호에는 내부에 토끼와 돼지 및 사슴의 골편이 남아 있었다(그림 17). 사자에게 바친 음식물의 잔해임은 말할 것도 없다(그림 16-5~7).

그림 17. 와반에 수골이 남아 있는 상태

b. 와호

도판 45-3은 구경 4촌 7푼, 높이 5촌 5푼이고, 45-4는 구경 4촌 4푼 5리에 높이 5촌 8푼, 45-5는 현존부의 높이가 6촌 4푼이다. 모두 하복부에서 바닥면에 걸쳐 승문이 찍혀 있다. 4번 호의 동쪽 편에는 물고기와 조류 및 짐승류의 골편이 남아 있었다.

VI호 패묘(이례)

V호 패묘에서 북동쪽으로 약 1정 반 떨어진 지점에 존재하며, 밭지역이 절단되어 낮은 벼랑면을 형성한 곳에 유골의 일부가 노출되어 있었던 것이다(도판 46-1). 본 묘는 수부를 북동쪽으로 향하였고 그 형상 및 규모, 그리고 매장 상태에 있어서 앞서 기술한 여러 패묘와 거의 다른 점이 없으나, 주위에 패벽이 확인되지 않고 광벽(壙壁)과 관의 측면 사이에 메워진 토양이 명확하게 식별되었다. 엄밀히 말하면 이를 패묘라고 부를 수 없겠지만 편의상 이를 패묘 속에 포함하여 정리하기로 한 것이다. 사방에 메워진 토양의 두께는 약 7촌이다. 본 묘는 관의 주위에 패각 대신에 단지 토양을 메운 것으로, 패묘의 성질을 고찰하는 데 있어서 중요한 참고 자료가 되는 것이다. 유골은 두개를 제외하고는 앙와 자세를 취한 채 거의 완존되어 있었다. 유물은 유골의 좌측에 와반과 와호 각 1개가 종렬되어 있는 것(도판 46 2) 외에, 파괴된 두개골편 속에서 1쌍의 유리제 이당이 발견되었다.

a. 와반

지름 6촌 5푼, 높이 2촌 6푼으로(도판 47-1) 철발 형태의 유흑색 와기이다. 위 가장자리 가까이에 나열된 두 개의 작은 구멍은 그릇을 사용한 당시에 깨어진 부분을 봉합하기 위해 뚫었을 것이다(그림 16-8).

b. 와호

구경 5촌 3푼, 높이 6촌 3푼으로(도판 47-2), 바닥 면이 비교적 넓고 키가 작은 유흑색의 와기이다. 복부에서 바닥면에 걸쳐 승문이 찍혀 있다(그림 16-13).

c. 유리제 이당

길이 각 5푼으로(도판 47-3), 표면이 풍화되어 백색을 띠고 있지만 청색의 유리제인 것을 알 수 있다. 그 형태는 한쪽 끝이 약간 벌어진 나팔 모양을 하고 있다. 이당이 발견된 것은 조선 낙랑군 왕간묘(王肝墓)의 예[7]로 미루어 매장된 인물이 부녀자임을 암시하는 것이다.

VII호 패묘

VI호 패묘에서 서북쪽으로 수 십 간 떨어진 밭지역의 벼랑면 지하 7척 지점에서 발견되었다(도판 48-1). 수부를 북동쪽으로 향하였고, 구조는 대체로 다른 패묘와 마찬가지이며 내부 길이 8척 6촌, 내부 폭 약 4척, 깊이 2척이다. 패벽의 두께는 이번에 조사한 패묘 중 가장 두꺼워서 약 1척 2촌에 이른다. 본 묘에서 가장 중요한 점은 묘 바닥에 목상(木床)의 일부가 남아 있었던 것이다. 그림 18과 같이, 목재를 조합하여 유해부의 받침을 만든 것이다. 이 구조는 또한 패묘의 연구상 중요한 자료를 제시하는 것이라고 할 것이다.

본 묘는 왼쪽 절반 부분이 대각선상으로 절단되어 있었으므로 유골은 두부에서 흉부까지만 잔존하였고, 게다가 거의 부후되어 겨우 그 흔적을 드러내는 데 불과했다. 부장품은 와기 5개가 유골의 오른 쪽을 따라

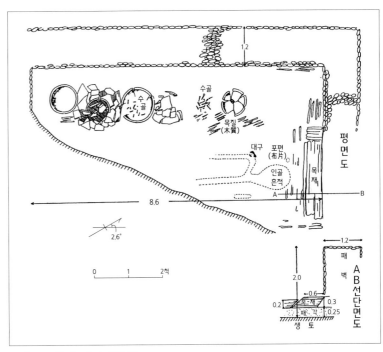

그림 18. 제7호 패묘 실측도

7) 東京帝國大學文學部 編, 『樂浪』, 1930, pp.66~67.

종렬되어 있었으나 파손된 채 발견되었다. 이 외에 유골의 흉부 부분에 철제 대구(帶鉤)의 잔결 1개가 남아 있었다(도판 48-2).

a. 와반

도판 49-1은 지름 6촌, 높이 2촌 2푼이고, 도판 49-3은 지름 9촌 8푼에 높이 3촌, 도판 49-5는 지름 7촌 7푼에 높이 3촌 2푼이다. 모두 넓은 연부를 지닌 유흑색의 와기이다(그림 16-1~3). 3호 와반에는 수골이 존재했다.

b. 와두(瓦豆)

지름 6촌 5푼에 높이 5촌 8푼이다(도판 49-2). 경부가 굵은 유흑색의 조잡한 와기이다(그림 16-9).

c. 와호

구경 7촌 3푼, 높이 8촌 7푼으로(도판 49-4), 견부가 튀어나오고 바닥면이 넓으며 키가 작아서 안정된 모습을 하고 있다. 유흑색으로 표면에는 승문이 찍혀 있다(그림 16-14).

d. 철제 대구(帶鉤) 잔결

현존부의 길이 1촌 8푼으로(도판 49-6), 부식되어 두부(頭部)는 없어졌으나 이면에 가죽을 부착하는 돌기가 있어 대구임을 명시하고 있다. 다만 그 발견 개소가 흉부이므로 용도를 다르게 생각할 수도 있겠으나, 매장 후 위치가 옮겨진 것으로 보는 쪽이 오히려 타당할 것이다.

나아가 이상의 여러 패묘를 구성하는 패각은 도쿄제국대학 이학부 동물학부 동물학교실의 다키 이사오(瀧庸)의 조사에 의하면, 굴(Ostreagigas Thunberg)이 가장 많고, 이에 섞여서 개조개(Saxidomus purpuratus), 혹매물고둥(Chrysodomus cumingi Crosse), 전복(Haliotis Kamtschtkamus Jonons), 흰삿갓조개(Acmaea pallida), 보말고둥(Tegula rustica) 종류가 보인다(그림 19). 모두 현재 남만주 근해에 서식하는 패류인데, 굴은 남획의 결과인지 지금은 그 서식이 끊어져 있다.

그런데 패묘가 학계에서 주목된 것은 1909~1910년 무렵의 일로, 시마무라 고사부로(島村孝三郎), 고바야시 야스오(小林胖生) 두 사람은 여순 노철산록 및 노가탄 부근에서,[8] 도리이 류조 또한 노철산록에서,[9] 또 하세베 고톤도(長谷部言人)는 대련(大連) 서공원(西公園)에서 각각 발굴 조사한 일이 있다.

....

8) 시마무라(島村)의 노가탄 패묘 발굴 기사는 八木奘三郎, 「漢唐の土偶」, 『満洲考古学』, 1928에 수록되어 있다.
9) 도리이와 함께 패묘의 발굴에 종사한 오노 운가이(大野雲外)는 그 저서 『古代日本遺物遺跡の研究』(「満州考

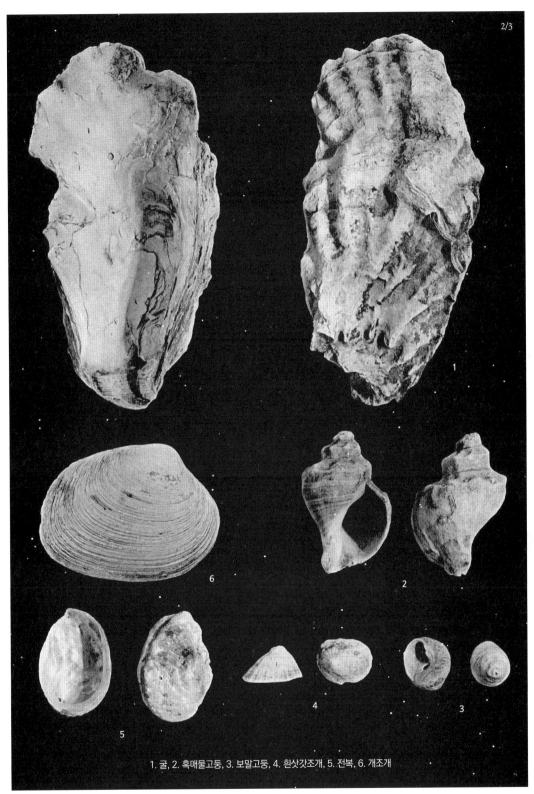

1. 굴, 2. 혹매물고둥, 3. 보말고둥, 4. 흰삿갓조개, 5. 전복, 6. 개조개

그림 19. 패묘를 구성하는 각종 패각

도리이는 그의 저서 『남만주조사보고』[10]에서 패묘의 구조를 다음과 같이 서술했다.

내가 보기에 패묘는 완전히 석관이나 전관(磚棺) 등의 약식으로, 그 존재 위치와 형상, 유물과의 관계 등이 이를 잘 증명한다. 이 묘는 지상에 있지 않고 지하 수척에 구덩이를 판 것으로, 그 구덩이의 형상은 장방형이 보통이다. 길이 및 폭은 거의 유사한데, 길이는 8척에서 1장 5척 정도, 폭은 6척에서 1장 2척 정도, 깊이는 지하 2척에서 1장 정도이다. 바닥은 흙을 평평하게 하여 그 위에 사체를 눕히고, 대부분은 그 두부와 어깨 근방에 부장품을 놓고 그 위에 패각을 덮은 후 다시 흙으로 그 위를 덮은 것이다. 그렇지만 사체 부분에 흙이 존재하는 것이 있으므로, 당시에는 사체에만 흙을 덮고 그 상부와 주위에 패각을 덮은 것처럼 보인다. 하지만 사체 아래에도 패각을 깐 것이 없지 않다. 패각은 주로 굴 껍질로, 그 지역의 해안에서 구해온 것이다.

하세베는 대련 서공원의 패묘에 대해 다음과 같이 말하고 있다.[11]

분혈의 내경(內徑)은 대개 4방(方) 10척, 깊이도 거의 마찬가지이다. 벽을 이루는 개각(介殼)층의 두께는 약 1척이며, 또 개각으로 덮개를 만들고 있다. 현재의 지표에서 2척 정도 깊이에 있었다고 기억한다. 개각은 주로 굴 껍질이다. 분은 거의 완전한 형태를 유지하여 후대에 손을 댄 흔적이 없었다. 내용물은 흙으로, 안에 개각을 섞지 않았다. 즉 한번 흙을 덮고 다시 위에 개각을 덮은 듯하다. 저부에서 두 시신의 유골 및 토기를 발견했다. (중략) 지금은 장소의 방위를 기억하지 못하지만, 사각형인 분혈의 한 변 쪽에 나란히 남자 시신이 앙와하여 있었다. 그 오른 편에 약간 거리를 두고 여자 시신이 머리를 같은 방향으로 향하고 앙와하여 있었다. 그 오른쪽으로 다수의 토기가 시체와 나란히 있었는데 특히 두부 쪽에 많이 있었다. 남자 시신 쪽에는 다만 발쪽에 1개의 토기가 있었다고 기억한다. 2개의 완전한 호(壺)는 두 시신의 골편 대부분과 함께 교토제국대학 해부학교실에 보존되어 있지만, 기물에 대해서는 문외한이므로 생략한다. 배치는 남자 시신이 안쪽에 놓여 있었으므로 첫 번째로 묻혔다고 생각된다.

古學的旅行」, 1925, p.337)에 패묘의 실측도를 수록하고 있다.
10) 鳥居龍藏, 『南滿洲調査報告』, 앞의 책, pp.115~116.
11) 長谷部言人, 「一の墳穴に於ける二個以上の遺骸」, 『人類學雜誌』 第25卷 第286號, 1910.

이상의 여러 선배의 기록은 각자의 발굴조사에 근거한 것이기에 충분한 경의를 표하는 바이다. 시마무라와 고바야시 두 사람의 담화를 바탕으로, 또 후술하겠지만 이들 여러 패묘로부터 출토된 와기의 일부가 장대하다는 것 등으로 생각할 때, 패묘의 규모에 크기 차이가 있다는 점은 믿어 의심할 바가 없는 것이다. 우리가 발굴한 패묘를 개관하자면, 그 규모가 대개 동일하여, 신장(伸葬)한 사체 1구에 와기 약간을 수용할 뿐인 크기이다. 그리고 Ⅱ호 패묘의 패벽 내측 아래쪽에 목편이 잔존해 있었던 것이나, 각 묘의 패각이 정연한 둘레 벽을 형성한 채 존치되어 있었던 것을 Ⅵ호묘를 메운 토양에 대조해보면, 그 구조를 유추할 수 있다. 즉 패묘는 기공의 첫 순서로 장방형의 광혈(壙穴)을 파고 목판으로 둘레 벽을 축조하여 시신과 부장 와기를 매장한 후, 목판 뚜껑을 덮은 다음에 판벽(板壁)과 광벽(壙壁)의 틈에 패각을 채우고, 또 판 덮개의 위에도 다소의 패각을 덮고, 다시 토양으로 그 위를 봉한 것으로 고찰된다. 묘내의 토양은 생각건대 판 덮개가 썩어 없어짐과 함께 위에서 함몰된 것으로, 뚜껑 위에 놓여 있던 패각 또한 아래로 침하되었음을 벼랑 벽에 노출되어 있던 패묘의 절단면 상태를 통해 확실히 볼 수 있다. 묘 바닥은 광내(壙內)의 지면을 평탄하게 깎은 것에 지나지 않지만, 다만 Ⅶ호 패묘와 같이 받침으로 특별히 목재를 깐 것도 존재했다. 여러 선배가 발굴한 패묘도 그 규모에 있어서 대소의 차이는 있을지언정 구조는 대체로 동일한 규정을 보여주고 있다.

이번에 조사한 여러 패묘에서 출토된 유물은 Ⅵ호묘의 유리제 이당 1쌍과 Ⅶ호 패묘의 철제 대구 잔결 1개를 제외하고는 모두 한식 토기로, 그 종류는 반과 호 및 두에 지나지 않는다. 게다가 그릇의 높이도 거의 1척을 넘는 것이 없었던 것은 패묘의 규모가 협소했던 점으로 보아 당연한 일이다. 여러 선배의 발굴을 통해 현재 여순 관동청박물관에 수장된 와기(그림 20 참조)는 그 종류도 풍부하고 크기도 극히 장대한 것이 있으며, 또 실용품 이외에 명기(明器)로서 제작된 것이 있다. 그리고 와기 외에 주류(珠類), 동기, 동경, 동제 병기, 반량전, 오수전, 화천 등[12]도 보이는 것은, 패묘에 매장된 인물에 다소의 빈부 차이가 있었음을 말해주는 것이라고 할 수 있을 것이다.

각 패묘의 절대 연대를 확인하는 것은 본디 불가능하지만, 와기의 양식과 그 외 유물의 성질, 특히 전화(錢貨)로 고찰하건대 전후 한대에 속하는 것이라는 점은 분명하다.

---

12) 鳥居龍藏, 『南滿洲調査報告』 第5章, 앞의 책 참조.

약 1/4

그림 20. 기존 발견 패묘 토기 예

B. 석묘

Ⅰ호 석묘

윤가탄 부락의 서남쪽, 관둔자 강변의 우측 기슭에 그 측면을 노출하고 있었다. 이 지점은 윤가탄 부락의 남변을 흐르는 개울이 건구(乾溝)를 이루며 관둔자 강변으로 열려 있는 곳으로, 현재는 낮은 밭 지역이지만 관둔자 강의 물이 불어나는 계절에는 그대로 강물 속에 잠겨들게 된다(도판 50). 본 묘를 발견한 동기는 후술할 Ⅱ호 및 Ⅲ호 석묘의 절단면과 같은 종류의 할석(割石)이 노출되어 있었던 점인데, Ⅱ, Ⅲ호 석묘는 절단면이 패묘의 그것과 유사하여 패각 대신 할석을 쓴 것에 불과한 일종의 고묘라는 점에 유의했던 것이다(도판 51-1).

본 묘는 현재의 밭면에서 2척 남짓한 지점에서 둘레 석벽의 상단에 도달할 수 있었으며(도판 51-2), 발굴 결과 거의 패묘와 같은 성질의 구조를 보이고 있었다. 수부를 동쪽으로 향했고, 내부 길이 약 7척, 내부 폭 약 4척에 깊이는 약 3척을 헤아렸다. 둘레 벽에는 할석을 석담 형상으로 쌓았고(도판 52-1), 묘 바닥에는 하석(河石)을 깔았다. 수부에는 특히 할석을 폭넓게 메우고 있었는데, 석편 사이에서 다수의 와기편을 발견했다(도판 52-2). 유골은 묘 바닥의 포석 위에 겨우 그 흔적을 남기고 있을 뿐이었으나 두부를 동쪽으로 향한 신장(伸葬) 상태였다. 유물은 앞에서 기술한 와기편 외에는 아무 것도 없었다. 생각건대 본 묘의 구조는 패묘와 마찬가지로 매장 때에는 판벽(板壁)이 있었고, 판벽과 광벽의 틈에 할석을 메우고 천정부에도 판 덮개를 덮은 다음 그 위에 하석을 깐 후에 토양으로 봉했을 것이다. 그리고 유골의 두부쪽에 해당하는 판벽 밖은 판벽과 광벽의 틈을 넓게 취하여 이곳에 와기를 부장한 후 할석을 메운 것으로 생각된다.

본 묘는 둘레 벽을 석편으로 메운 점이 자못 주목할 만하고, 또 출토된 와기편의 성질에도 크게 흥미로운 점이 있다. 와기편은 상당히 많았으나 접합 결과 원형을 복원해낸 것은 10개로, 수법 및 와질에 있어서 패묘에서 출토된 와기와는 현저히 다른 점이 있었다. 와기는 모두 손으로 꼬아 만든 것으로, 그 종류는 두, 반, 완 및 호이다.

a. 와두

도판 53-1의 두는 지름 3촌에 높이 6촌 4푼, 암흑색을 띠고, 자못 원시적 수법을 보인다. 특히 윗부분의 반부(盤部)가 대각(臺脚)의 높이와 굵기에 비교하여 이상하게 작고 또 치우쳐져 있는 것이 주목할 가치가 있다. 도판 53-2는 지름 4촌 3푼에 높이 5촌, 도판 53-3은 지름 4촌 3푼에 높이 4촌 4푼이며, 형태가 1에 비교하여 약간 정돈된 것이다. 모두 암흑색을 띠고 잔모래가 섞여 있다. 도판 53-4는 본 묘에서 출토된 두 중 최대 크기로, 반부가 이그러져 있으나 지름은 대개 8촌 남짓, 높이는 7촌 7푼이었다. 회갈색을 띠며 와질은 전자와 같다. 도판 53-5는 지름 6촌에 높이 5촌 4푼, 대각의 4개소에 장방형의 투공

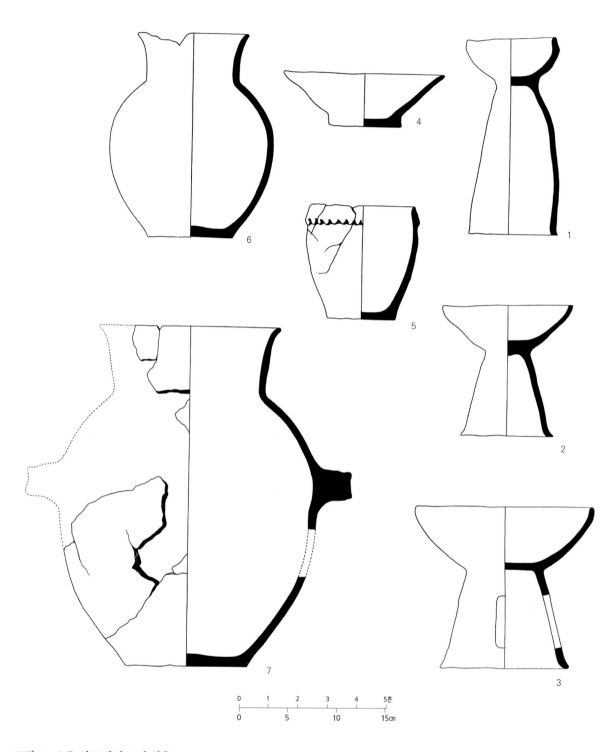

그림 21. Ⅰ호 석묘 발견 토기 실측도

(透孔)이 있는 것으로, 본 묘에서 발견된 두 중에서 가장 우수한 것이다. 와질은 역시 전자와 같다(그림 21-1~3).

b. 와반

지름 5촌 5푼, 높이 1촌 7푼 5리(도판 53-6), 실굽을 지닌 얇은 와기로, 유흑색을 띤다. 와질은 상당히 견고하고 치밀한데, 물레를 사용한 것은 아니다(그림 21-4).

c. 와완

높이 3촌 7푼(도판 53-7), 구연부가 대부분 결손되었다. 적갈색을 띠며 매우 두껍고 조잡한 제품으로, 구연부 하단에 눈금을 둘러 붙여서 서툴게 장식하고 있다(그림 21-5).

d. 와호

도판 53-8은 구경 4촌 5푼에 높이 7촌 5푼, 경부가 약간 높고 회갈색을 띠며, 53-9는 구경 3촌 8푼에 높이 6촌 1푼으로, 두 가지가 형태와 질이 유사하다. 53-10의 잔결은 본 묘에서 출토된 호 중에서 가장 큰 것으로 구경이 6촌 2푼이다. 회갈색을 띠고 복부 중앙의 대칭되는 2개소에 파수 모양의 돌기가 나와 있다(그림 21-6~7).

이상의 와기는 패묘에서 발견된 것과 비교할 때 형태상으로는 연결되는 점이 있으나, 그 수법에서는 상당히 다른 점이 인정된다. 패묘 출토품이 물레를 사용하고 있었던 것에 반해 이는 완전히 손으로 꼬아 만든 것들이다. 따라서 그 형태가 극히 원시적이며, 와질도 대체로 거칠고 엉성한 외관을 보인다. 오히려 여순 곽가탄의 석기시대 유적에서 발견되는 토기(그림 4-20 참조)와 유사한 점이 있다. 본 석묘의 연대 추정에 하나의 암시를 주는 것이라고 할 수 있을 것이다.

II호 석묘

I호 석묘의 서남쪽으로 약 반 정 지점인 관둔자강 하류의 오른쪽 기슭에서 발견된 것으로, 다음에 기술할 III호 석묘에 근접해 있다(도판 50). 하지만 이미 대부분이 붕괴되어 유골과 유물이 남아 있지 않았으므로 이에 대한 기술은 생략하기로 한다.

III호 석묘

II호 석묘의 서남쪽에 인접하여 종단면이 벼랑 벽에 노출되어 있었다(도판 54-1). 그 외관 상태가 흡사 패묘의 단면을 보는 듯한 점이 있었으므로 일종의 고묘라는 것을 용이하게 알 수 있었다. 현재의 밭 지역에서 약 3척 지점에서 돌을 쌓은 둘레 벽의 상단에 도달했다. 발굴 결과 묘의 수부가 비스듬히 절단 되어 있었는데, 수부의 끝이 동북쪽을 향하고 규모는 대체로 Ⅰ호 석묘와 같았다. 주위를 메운 석괴는 그 대로 석담 형태로 남아 있었고(도판 54-2), 묘 바닥에는 주로 하석을 깔았으며 천정부에도 석편이 덮혀 있었다. 유골은 부후되어 겨우 신장된 흔적을 볼 수 있는 데 지나지 않았으나 동북단에 치아 몇 개가 남 아 있었다. 유물은 좌측 흉부에 마노제(瑪瑙製)의 소환(小環) 1개가 남아 있고, 복부로 생각되는 부분에 작은 동제 팔찌[銅釧] 몇 개가 겹쳐진 채 2개소에서 발견되었으며, 또 부근에 적색 마노제의 환옥 1개가 존재했다(도판 55). 와기는 한 조각도 남아 있지 않았으나, Ⅰ호 석묘의 예로 볼 때 이미 붕괴된 수부에 매 장되어 있었으므로 유실된 것으로 추찰된다. 유물의 성질을 기술하면 다음과 같다.

a. 마노제 소환(小環)

지름 1촌 1푼(도판 56-2, 그림 24-2)로, 단면이 거의 육각형을 이루 며 투명하고 약간 담갈색을 띠고 있 다. 이 종류의 소환은 중국 내지에서 종종 발견된다(그림 22). 오늘날 중 국 부인이 가슴께에 작은 고리를 달 고 바늘이나 귀이개 등을 걸고 있는 풍습이 있는데, 어쩌면 유사한 장식 고리로 사용된 것일지도 모르겠다.

그림 22. 중국 내지 발견 마노제 소환

b. 청동제 팔찌[小釧]

모두 지름 약 1촌 4푼(도판 56-1, 그림 24-1), 좌우 모두 몇 개가 겹쳐진 채 발견된 것을 통해 양팔 에 그렇게 장식하고 있었음을 미루어 알 수 있다. 지름이 약간 작은 것은, 아마 당시의 미개인들이 그러 했듯이 어릴 때부터 끼워두었던 것이 아닐까.

c. 마노제 환옥

지름 2푼 5리(도판 56-3, 그림 24-3), 짙은 적색을 띠고 있다. 신체의 어느 부위에 사용했는지 명확 하지 않지만 장옥(裝玉)인 것은 확실하다.

석묘는 이번 조사에 의해 처음 학술적으로 발굴된 것으로, 이와 비교 대조할 만한 유적과 문헌이 아 직 없다. 다만 지난해 유가탄 부근에서 토착민에 의해 한 고묘가 발굴되었는데, 발굴자의 담화에 따르면

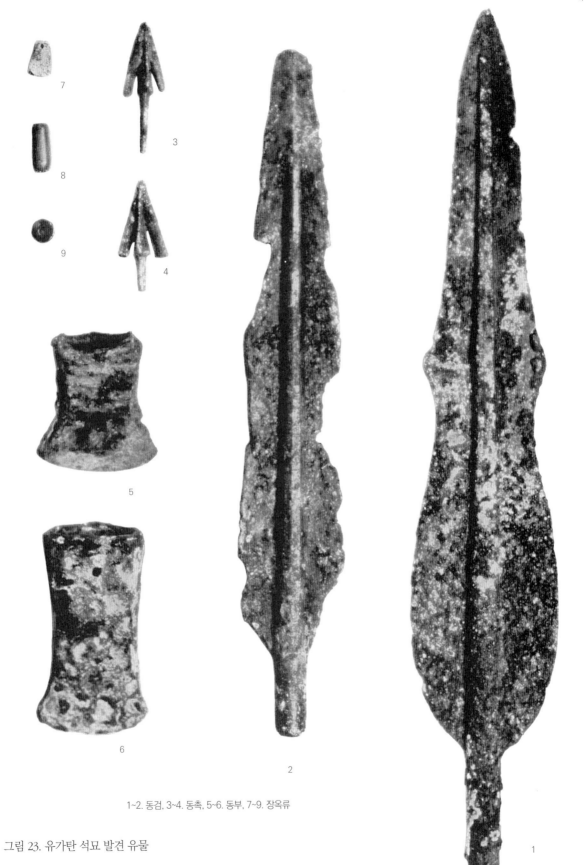

1~2. 동검, 3~4. 동촉, 5~6. 동부, 7~9. 장옥류

그림 23. 유가탄 석묘 발견 유물

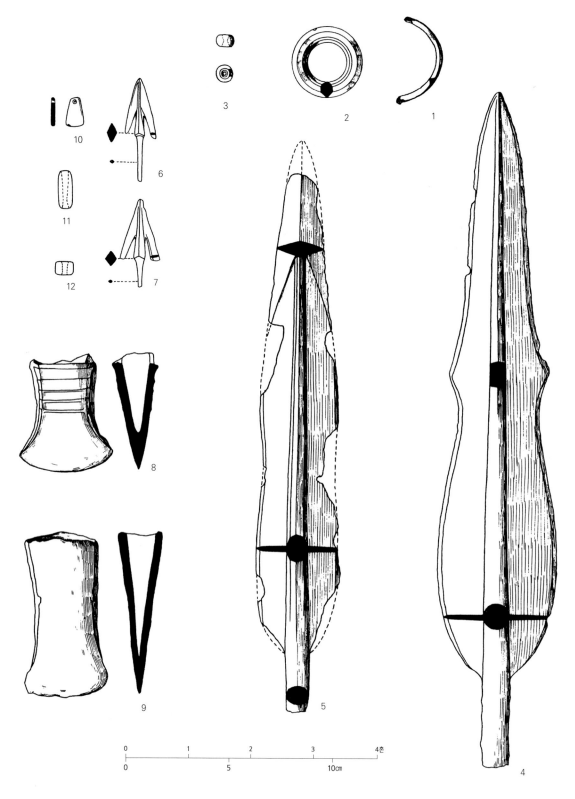

1. 동제 팔찌 잔편, 2. 마노환, 3. 마노환옥/ 유가탄 석묘 발견 유물, 4~5. 동검, 6~7. 동촉, 8~9. 동부, 10~12. 장옥류

그림 24. Ⅲ호 석묘 및 유가탄 석묘 발견 유물 실측도

석묘인 것으로 추정된다. 이는 할석으로 둘러싸인 장방형의 묘 속에서 동검 2자루, 동부 2개, 동촉 2개, 주류(珠類) 3개(그림 23, 24)를 발견한 것으로, 나이토의 소장으로 현재 관동청박물관에 기탁되어 있다. 동검 1(그림 23-1, 24-4)는 길이 9촌 2푼이고 인부의 아래 끝 가까운 부분이 약간 폭이 넓고 또 둥근 느낌을 지니고 있으나, 후술할 즐주묘(聖周墓)에서 발견된 것(도판 62-1, 그림 30-1)과 비교할 때 대체로 동일 계통으로 인정될 수 있다. 동검 2(그림 23-2, 24-5)는 길이 7촌 3푼이며, 인부의 결손이 심하지만 이 또한 동일 계통에 속하는 것이다. 또 우리가 관둔자의 촌락에서 구입한 동검의 잔결(그림 26-3~4)도 제3호 석묘와 가까운 강 속에서 건져낸 것으로, 동일 계통의 것으로 생각된다. 동부 1(그림 23-5, 24-8)은 길이가 1촌 5푼, 사각 구멍을 지니며 인부 끝이 부채형으로 벌어져 있는데, 즐주묘에서 출토된 것(그림 62-3)과 그 형태가 같다. 동부 2(그림 23-6, 24-9)는 길이가 2촌 1푼이고, 인부 끝의 폭에 비하여 공부(銎部)가 긴 것으로 이도 같은 계통이다. 동촉은 하나는 길이가 1촌 4푼(그림 23-3, 24-6)이고, 다른 하나는 1촌 2푼(그림 23-4, 24-7)이며 둘 다 양 날개를 지니고 있다. 주류 하나(그림 23-7, 24-10)는 길이가 4푼으로 형태가 유공 석부와 흡사하며, 다른 하나(그림 23-8, 24-11)는 길이가 5푼이고 대추 모양이다. 둘 다 담청색의 석제이다. 나머지 하나(그림 23-9, 24-12)는 마노제의 환옥으로 적색을 띠고 있다. 이들 유물은 즐주묘에서 발견된 것들과 연대가 가까운 것이라고 할 수 있다. 그리고 I호 석묘 안에서 출토된 와기가 이른바 한식 토기에 비교할 때 수법이 약간 서투른 점에서 오히려 곽가탄의 석기시대 유물(그림 4-20 참조)과 유사한 것은, 석묘의 연대를 고증하는 데 있어서 주목해야 할 점이다. 우리는 석묘가 축조된 연대를 주말 한초에 두는 것에 주저하지 않는다.

C. 옹관

I호 옹관

관둔자 강변의 우측 기슭 III호 석묘의 동쪽에 존재하며, 하천 바닥에서 약 6척의 높은 곳에 옹의 잔결이 포함되어 있었다(도판 57-1). 옹의 구경은 6촌 7푼이고, 활석분이 섞인 적갈색의 무문 와기로 물레를 사용했다. 옹의 잔결은 1개분만을 확인하는데 그쳤지만(그림 25-4), 그 자리에 찍힌 흔적에 의거하여 2개의 옹이 대략 남북 방향을 취하고 거의 수평으로 구연부를 교차하며 접속되어 있었던 것을 알 수 있었다. 또한 후술할 III호 옹관의 예와 대조하여 그것이 관임을 충분히 추찰할 수 있었다. 이에 동반된 유골 및 부장품은 하나도 존재하지 않았다.

그림 25. 목양성 부근 발견 옹관 잔편

Ⅱ호 옹관

윤가탄 부락을 서쪽으로 나가서 유가탄 부락으로 향하는 도로의 왼쪽 옆에 한 용왕묘(龍王廟)가 건립되어 있다. 묘당 부근 일대의 밭지역에서는 종래 거듭 오래된 기물이 발견되었는데, 봉니(封泥) 같은 것은 가장 주목할 만한 것이다[13](그림 26-9~19). Ⅱ호 옹관은 이 묘당의 동남쪽으로 약 1정인 지점에 존

---

13) 모리 슈(森修) 소장. 그 하나에는 '하양령인(河陽令印)', 다른 하나에는 '무고중승(武庫中丞)' 네 글자가 찍혀 있다. 하양현(河陽縣)은 하남성의 맹현(孟縣) 지역이고, 무고중승은 집금오(執金吾)에 속하며 령(令)은 병기를 관리하는 중앙의 관직명이다.

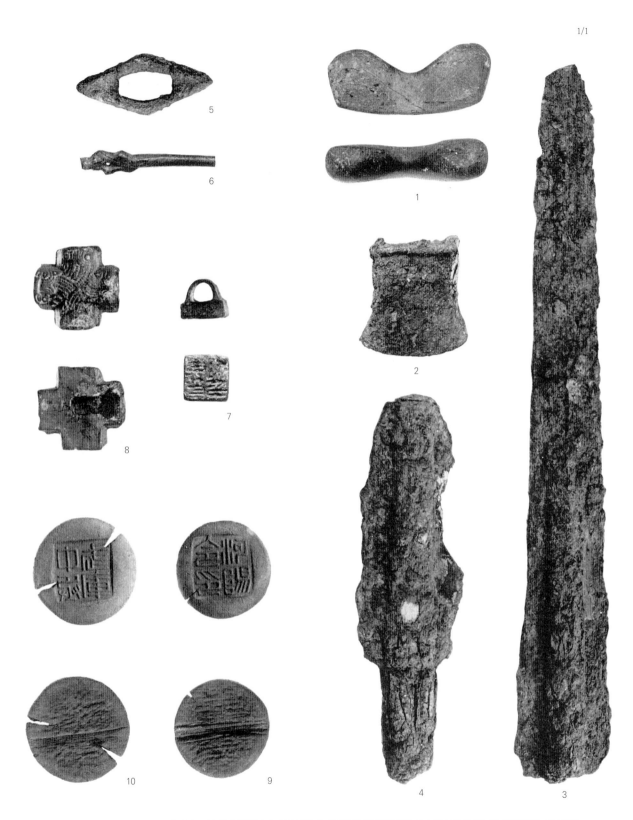

1. 침상 석기, 2. 동부, 3~4. 동검 잔결, 5. 동제 검격(劍格), 6. 동기 잔결, 7. 동인(후하사인侯賀私印), 8. 십자 금구, 9~10. 봉니(하양령인·무고중승)

그림 26. 목양성 부근 기존 발견 유물

재한 것이다.

이곳에는 남북에 걸쳐 가늘고 긴 건구가 있어 우계에는 개울이 되어 관둔자 강으로 흘러들어가게 된다. 이 옹관은 그 오른쪽 기슭의 낮은 밭지역의 벼랑면에 일부 잔결이 노출되어 있던 것으로(도판 57-2), 발굴 결과 밭면에서 약 1척 아래에 대략 남북 방향으로 2개의 옹이 거의 수평으로 놓여 있었던 것을 알 수 있었다. 옹은 2개 모두 유흑색을 띠고 물레를 사용한 것이었는데, 모두 구연부가 결손되어 있어 그 완형은 알 수 없다. 북측의 옹은 복부 위편에 1줄의 승흔(繩痕)이 둘려져 있고, 전체에는 미세한 승문을 찍었으며 그 위를 갈고 문질러서 가로로 여러 단의 경계선을 만들었다(그림 25-3). 남측의 옹은 키가 작고 견부에서 복부로 이어지는 부분에 각이 졌는데, 그 경계 모서리에 1줄의 승문이 돌기를 이루며 둘려져 있고(그림 25-1~2) 복부에서 바닥면에 걸쳐 미세한 승문을 찍었다. 상복부에는 북측 옹과 마찬가지로 승문 위에 갈고 문지른 여러 단의 가로선을 둘렀고 저부는 평저이다. 이 옹관에서도 동반된 유물은 발견되지 않았다.

III호 옹관

윤가탄 부락의 서쪽, 앞에서 기술한 VI호 패묘의 북측에서 약 몇 간 떨어진 같은 곳의 벼랑 면에 그 한 끝이 노출되어 있던 것으로(도판 58-1, 60-1), 건구의 모래 바닥에서 약 5척 남짓한 높이에 존재한 것이다. 옹은 대략 남북 방위를 취하고 3개가 접합되어 있었으며 거의 수평으로 놓여 있었다(도판 60-2). 북측 옹과 중앙의 옹은 구연부를 맞대고 있고, 중앙의 옹은 그 저부를 깨트려서 남측 옹의 구연부를 끼워 넣은 상태였다. 옹은 모두 깨져 있었는데 다행히 복원할 수 있었다. 북측 옹이 가장 큰 것으로 높이 2척 1푼에 구경 9촌 4푼이다. 회흑색의 무문 와기로, 무화과 모양에 좁은 평저를 지니고 있었다. 중앙의 옹은 구경 9촌 6푼에 높이는 현존부가 약 8촌 4푼으로, 잔모래가 섞인 황갈색을 띠며 손으로 꼬아 만들었고 표면에는 승문을 찍었다. 남측 옹은 구경 6촌 2푼에 높이 1척 2푼이고 바닥은 환저를 이루고 있다. 이 옹은 유흑색에 가는 승문을 찍은 와기인데, 물레를 사용하여 3개 중 가장 정교한 수법을 보이고 있다(도판 59, 그림 27). 하나의 관을 구성하는 3개의 옹이 각각 수법을 달리 하고 있는데, 이를 독립적으로 본다면 제작 연대가 상당히 떨어진 것으로 단정될 지도 모르겠다. 따라서 이들은 와기 연구에 있어서도 매우 귀중한 자료이다. 게다가 북측 옹의 바닥에는 유년기에 해당하는 두골의 일부가 잔존해 있었으므로 중국 묘제의 연구에도 큰 기여를 할 것으로 여겨진다.

옹관은 간소한 장법(葬法)으로 일찍이 이집트의 서아시아 고대민족 사이에서 행해졌고, 또 가까이는 아메리카 인디안이 많이 사용한 것이다. 동아시아에서는 남부 조선 및 북규슈에 그 예가 많으며 그 외 일본 본토에서도 왕왕 발견되는 것은 학계에 두루 알려진 바로[14] 새삼 서술할 필요가 없다. 옹관은 물론 성년 매장에도 사용되었지만, 그 애초의 용도는 이집트 고대의 예에서 보듯이 소아의 사체를 수용하는 것에 있었다. 이는 물론 사체가 작기 때문이기도 하지만, 우선 소아의 위치가 가족적으로도 또 사회적으

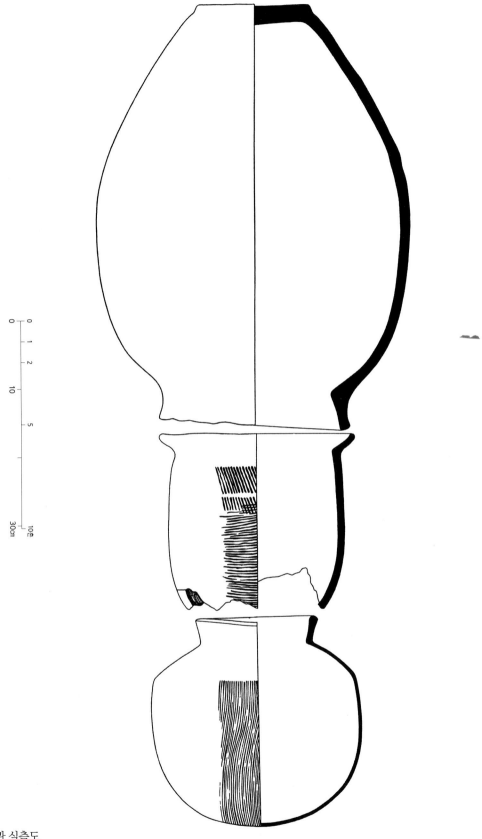

그림 27. Ⅲ호 옹관 실측도

0
0
1
2
10
5
30cm
10촌

로도 낮으므로 그 사체가 비교적 대수롭지 않게 취급되었기 때문이다. 따라서 일용품에서 변통하거나 또는 용이하게 기성품을 입수할 수 있는 옹류에 매장되는 것은 자연스러운 상황이고, 더욱이 고대인의 습속으로서는 오히려 당연하다고 해야 할 것이다.[15] 관둔자 강 연안의 옹관은 개개의 옹의 크기나 이를 합한 전체 길이로 볼 때, 또 III호 옹관 내의 유골로 미루어 유년의 시신을 매장한 것임은 거의 의심할 여지가 없다.

이 종류의 옹관은 일찍이 하북성 역현에서 발견되었다고 들었으나,[16] 작년 봄 중국의 학자가 조직한 연 하도 발굴단에 의해 역현의 연국 도성지인 낭정장(郞井莊)에서 발굴된 바 있고, 또 같은 지역에 옹관이 무리지어 있는 것이 알려졌다.[17] 대개 남만주가 전국시대부터 한초에 걸쳐 연국 문화의 영향을 받았다는 것은 문헌상으로도 볼 수 있고, 또 연의 화폐로 여겨지는 명도전이 다수 출토되는 것으로도 짐작된다. 본 옹관의 중앙에 해당하는 옹과 소성기법이 완전히 동일한 것이 역현에서 발견된 옹관을 비롯하여 동 지역에서 출토된 와기 중에 존재하는 것은 그 사이의 정황을 암시하는 것이라고 해야 할 것이다. 중국 내지에서도 옹관이 행해진 것은, 이른바 유우씨(有虞氏)의 와관(瓦棺)이 『예기』의 「단궁(檀弓)」편에 보이고, 또 양(梁)의 천감(天監) 연간에 강소성(江蘇省) 단양산(丹陽山)의 남쪽에서 발견된 것이 『태평광기(太平廣記)』에 인용된 「강우잡사(江右雜事)」에 실려 있다. 후자에 의하면 그 옹의 크기가 높이 5척에 둘레 4척이라고 하므로, 어쩌면 성년을 매장한 것인지도 모르겠다. 그렇지만 『예기』의 「단궁」편에는 주대(周代)의 장법에 대해 서술하기를, "주나라 사람들은 은나라 사람의 관곽으로 장상을 장사지내고, 하우씨의 즐주로 중상과 하상을 장사지내며, 유우씨의 와관으로 무복지상을 장사하였다(周人以殷人之棺槨葬長殤, 以夏后之墍周葬中殤下殤, 以有虞氏之瓦棺葬無服之殤)"라고 했다. '무복지상'이란 같은 책 「장복(葬服)」편의 전(傳)에 의하면 7세 이하의 죽음을 말하는 것이므로, 주대의 와관이 소아의 사체 수용에 쓰인 것을 확인할 수 있다. 관둔자에서 발견된 옹관은 그 수법으로 보아 주말 한초 사이에 두어야 할 것으로, 요컨대 그 무렵 소아의 매장에 옹관을 사용했던 것을 알 수 있다.

....

14) 옹관 장법의 일반에 관해서는, 後藤守一, 「甕棺陶棺に就いて」, 『考古學雜誌』第13卷 第9號, 1923. 島田貞彦, 『筑前須玖史前遺跡の研究』, 京都帝國大學文學部, 1930 등을 읽기 바람.

15) 시마다(島田)는 옹관의 기원에 대해, "고대인이 일상생활에 사용한 용기인 토기 중에서도 대형으로 입이 넓은 것은 영아 혹은 소아의 시체를 수용하기에 적당하다. 특히 깊은 애정의 대상이었던 어린아이의 시체를 가급적 보호하고 또 보존하고자 하는 동기에서 이 옹관이 생겨난 것은 비단 일본 뿐만이 아니다. 고대 이집트인 및 그 외에도 자주 보인다."(『筑前須玖史前遺跡の研究』, 위의 책, p.65)라고 설명하고 있다. 이도 하나의 일리 있는 견해이다.

16) 마형의 담화. 그도 일찍이 하나를 소장하고 있었다고 한다.

17) 장암, 미즈노, 에가미의 통신에 의한다.

D. 즐주묘(塰周墓)

관둔자 강의 우측 기슭, 전술한 Ⅰ호 옹관 발견 지점에서 동쪽으로 약 십 수 간 떨어진 지점의 하천 바닥에서 2척 남짓, 밭면에서 6척 남짓인 벼랑면에서 한 이례적인 유적이 발견되었다(도판 61-1, 그림 28~29). 우리가 이번 조사를 개시하기 직전에 한 촌민이 우연히 동검과 동부 및 이형 동기 각 1개를 파낸 것에서 발견의 단서를 얻은 것으로, 우리의 조사 시에도 이들 각 동기가 포함되어 있던 당시의 흔적이 역력히 찍혀 있었다. 도판 61-2 및 그림 29는 각 동기를 원래 존재했던 위치로 되돌린 것이다. 발굴 결과 유적의 대부분이 이미 절단되어 유실된 채 겨우 그 일부가 잔존된 것을 알았다. 잔존부는 소토(燒土)가 두께 3촌에 1척 높이의 상자 모양으로 둘러싸고 있었고, 상자의 폭은 2척 8촌이나 길이는 유적이 이미 절단되어 있었으므로 확인할 수 없었다. 현존부의 길이는 서측에서 1척, 동측에서 3촌에 불과했다(그림 28). 소토의 내부에는 재가 남아 있었는데, 앞에 기술한 여러 동기는 이 재 속에 매장되어 있던 것이며 우리의 발굴을 통해 서측 소토 벽 근처에서 동촉 하나를 추가로 발견했다. 이들 여러 동기의 성질은 다음과 같다.

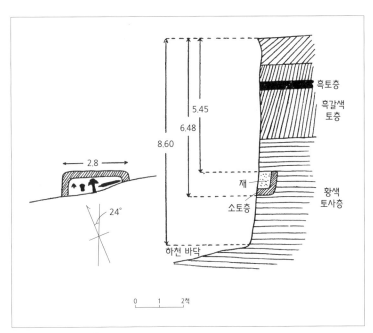

그림 28. 즐주묘 실측도

그림 29. 즐주묘 유물 존치 상태

a. 동검

길이 5촌 4푼(도판 62-1, 그림 30-1), 경부(莖部)의 단면은 타원형을 이루고 중간 부분이 인부(刃

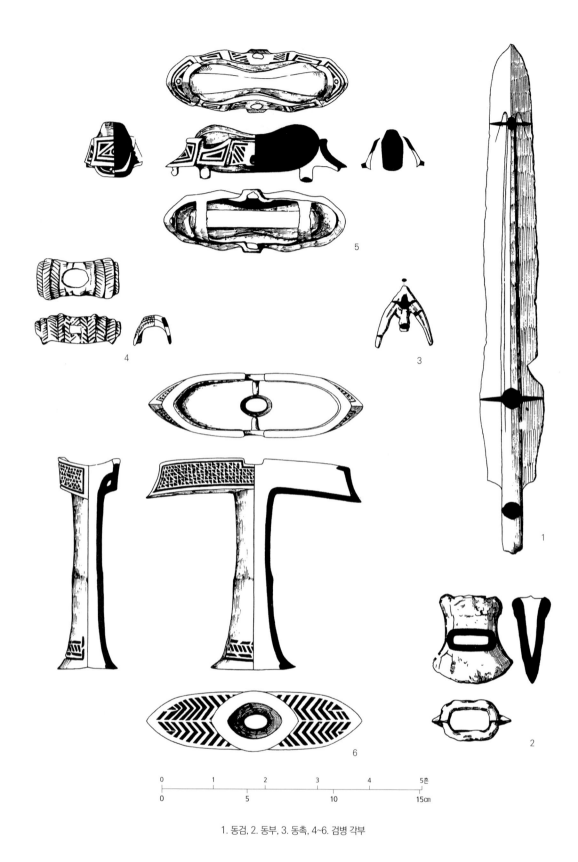

1. 동검, 2. 동부, 3. 동촉, 4~6. 검병 각부

그림 30. 즐주묘 발견 동제 병기 실측도

部)의 휘어짐에 따라 약간 도려내진 듯하다. 인부는 꽤 편평하고 단면이 넓적한 마름모꼴을 나타내고 있다.

이 종류의 동검은 중국 내지 및 조선 대동강군에서 완전히 같은 형태가 출토된 적이 있고(그림 31), 그 외 조선 및 북규슈에서 발견된[18] 세형동검도 이와 같은 계통에 속하는 것이다. 대체로 동아시아 동검의 한 형식에 속한다.

b. 동부

길이 1촌 6푼 5리(도판 62-3, 그림 30-2), 한 끝은 나무 자루를 끼울 사각 구멍을 이루고, 다른 끝은 부채 모양으로 넓어져서 인부를 형성하고 있다. 이 종류의 동부는 이 지방에서 자주 발견되는 것으로(그림 23-5, 26-2), 그 석제 거푸집의 잔결이 목양성지에서 출토된 것은 이미 서술한 바와 같다(도판 18-12, 그림 9).

c. 동촉

경부는 결손되었고 현존부의 길이 9푼, 양 날개 끝 사이의 폭이 9푼이다(도판 62-4, 그림 30-3). 경부의 단면은 타원인데 경부와 인부의 접속 지점은 양면이 특히 돌출되어 구형(球狀)을 이루고 있다. 인부는 대략 넓은 마름모꼴의 단면을 보이며 양끝이 좌우로 연장되어 가늘고 긴 날개를 뻗고 있다. 다른 익촉(翼鏃)과 비교할 때 제작 기법이 현저하게 원시적이다(그림 8 참조).

2   1

그림 31. 중국 내지 출토 동검(1) 및 조선 평안남도 발견 동검(2)

d. 동제 검병(劍柄)

병상기(柄狀器)와 침상기(枕狀器) 및 안상기(鞍狀器) 세 부분으로 이루어지며, 이들이 조합되어 이루어진 것이다(권수 도판, 도판 62-2). 그 용도를 추정하기에 앞서 각 부분에 대해 나누어 설명하기로 한다.

---

18) 高橋建自, 『銅劍銅鉾の研究』, 聚精堂, 1925. 梅原末治, 「銅劍銅鉾に就いて」, 『史林』 第8卷 第9號, 1923. 藤田·梅原·小泉, 『南朝鮮に於ける漢代の遺跡』, 1929. 島田貞彦, 『筑前須玖史前遺跡の研究』, 앞의 책 등을 보라.

1) 병상기(柄狀器)

원통 모양을 이루는 부분과 반(盤) 형태를 보이는 부분으로 구성되어 있다. 원통부는 길이 3촌 3분에 중앙이 비어서 구멍이 상하로 뚫려 있으며, 그 단면은 납작한 원형으로 사람 눈 모양을 드러내고 있다. 중앙에 경계 마디가 있어 상하 2단으로 구획되는데, 하단은 상단보다 약간 두껍고 나팔 모양으로 벌어져 있다. 그리고 아래 가장자리 부근에는 하나의 사선문 띠를 둘러서 장식했다. 원통부의 상단에는 이와 직각으로 도엽(桃葉) 형태의 좁고 긴 반부(盤部)가 구비되어 있는데, 긴 쪽 지름이 4촌 8푼, 짧은 지름은 1촌 2푼, 높이 5푼이다. 저부가 넓고 옆 둘레가 위쪽으로 가면서 약간 좁아지며, 그 양끝은 윗 가장자리에서 저부를 향하여 조금 안으로 굽어지는 경사를 보이고 있다. 둘레면에는 작은 삼각형을 중첩시킨 인문(鱗紋)이 있고, 아래쪽 바닥면에는 능삼문(綾杉紋)이 장식되었다. 반의 내부에는 중앙에 위치한 원통부의 구멍을 사이에 두고 좌우 양측의 상단에 절삭부를 만들어, 각 절삭부의 안쪽면 하단에 원통부의 구멍 쪽으로 끈걸이 돌기가 만들어져 있다(도판 63, 그림 30-6).

이 종류의 병상 동기는 종래 이미 발견되어 있으나, 반부의 중앙 구멍 안에 동검을 끼워 쓴 검병으로 해석하고 있다. 즉 『서청속감(西淸續鑑)』 갑편(甲編) 권18에 실려 있는 한속문검(漢粟紋劍)이나 북평의 육무덕(陸懋德)이 소장한 섬서성(陝西省) 출토로 전해지는 동검 등이

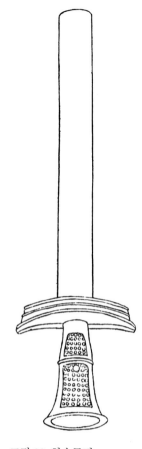

그림 32. 한속문검

이것이다. 만약 이번 관둔자 발견의 기물처럼 침상기가 반부에 조합되어 있지 않은 경우에는 그렇게 해석해도 의혹이 없을 것이다. 본 유적에서 발견된 것을 제외하고 우리가 알고 있는 이 종류의 병상 동기를 열거하면 다음과 같다.

① 『서청속감』 갑편 권18 수록 한속문검(그림 32)

② 중국 북평 육무덕 소장 전(傳) 섬서성 출토품(그림 33-1, 그림 34-3)

③ 도교제국대학 문학부 고고학연구실 소장 하북성 천진(天津) 구입품(그림 33-2, 그림 34-6)

④ 교토제국대학 문학부 고고학교실 소장 전(傳) 남만주 무순(撫順) 출토품(그림 34-7)

⑤ 동 교실 소장 경성(京城) 구입 전(傳) 조선 황해도 신천(信川) 출토품(그림 34-1)

⑥ 조선총독부박물관 소장 경성 구입 전(傳) 조선 황해도 신천 출토품(그림 34-5)

⑦ 프랑스 파리 비니에 소장품(그림 34-2)

⑧ 미국 워싱턴 프리어(Freer) 미술관 소장품(그림 34-4)

그림 33. 중국 내지 발견 동제 검병

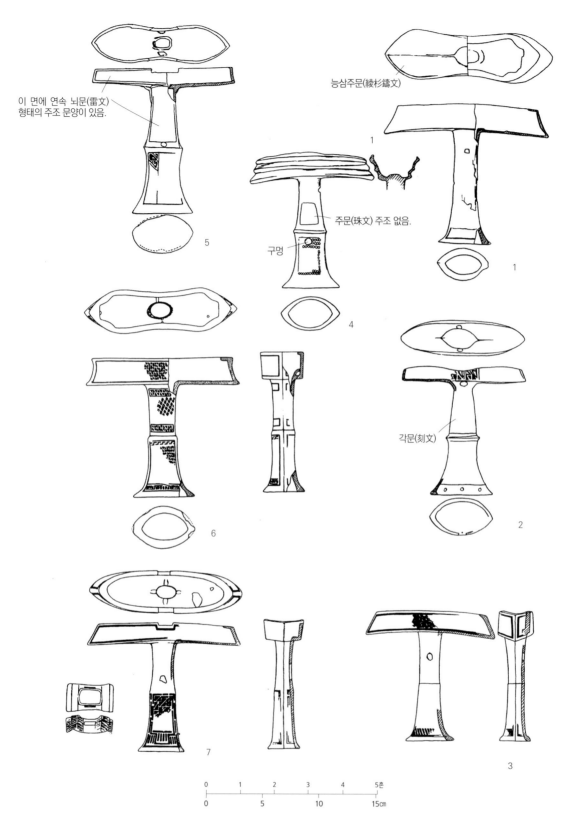

이 면에 연속 뇌문(雷文)
형태의 주조 문양이 있음.

능삼주문(綾杉鑄文)

1

주문(珠文) 주조 없음.

구멍

5

4

1

각문(刻文)

6

2

7

3

그림 34. 기존 발견 동제 검병 실측도

100　목양성 牧羊城　남만주 노철산록 한 및 한 이전 유적 조사 보고서

위 외에 미즈노가 북평에서 하북성 출토로 말해지는 것을 보았다고 한다. 이상은 그림 33 및 그림 34에 제시한 것과 같이, 그 길이도 서로 유사하고 도안과 문양도 같은 기법의 변주라고 하지 않을 수 없다. 반부의 절삭부는 ④와 ⑥에서만 유사한 예가 보인다. 또 반부에 설치된 끈걸이 돌기가 없는 것이 있고, 그 외 원통부에 칼을 고정시키기 위한 못구멍과 같은 작은 구멍이 뚫려 있는 것이 적지 않다. 이들 여러 예는 세부의 사소한 차이는 있어도 그 용도가 동일하다는 것은 의심할 여지가 없는 것이다. 그리고 조선 경상북도 경주군 입실리(入室里)에서 세형동검 등과 함께 이 병상기의 원통부와 유사한 동기가 발견되었고[19](그림 37-1), 또 평안남도 대동강군 대동강면에서는 세형동검이 삽입되어 있는 유사품이 출토되어[20] 이 병상 동기의 용도를 고찰하는 데 커다란 지침이 되고 있다.

2) 침상기(枕狀器)

만돌린 두 개를 접속시킨 것과 같은, 또는 중앙이 묶인 베개와 같은 형상의 은흑색 금속체가 청동의 틀 같은 것에 끼워져 있다. 틀의 아래 바닥에는 2개의 받침을 걸쳐서 금속체가 아래로 빠지는 것을 막아 보호하고 있다. 틀의 위쪽 가장자리는 금속체의 형체에 맞추어 장식되어 있고, 옆 둘레에는 기하학적 문양이 드러나 있다. 또 금속체의 중간 잘록한 부분에 해당하는 틀의 양측에 각각 하나씩 둥근 구멍이 뚫려 있는데, 각 구멍의 하단에는 옆으로 돌기가 만들어져 있어 앞에서 서술한 병상기 반부의 절삭부에 끼워 넣을 수 있도록 되어 있다. 또 틀의 아래 바닥 양 끝에도 수직으로 작은 돌기가 만들어져 있어 반부에 끼워 넣기에 적합하도록 되어 있다(도판 63, 그림 30-5).

은흑색의 금속체는, 이를 에워싼 청동제의 틀이 전면에 푸른 녹을 띠고 있는데 반해 조금도 녹이 슬지 않은 것이 상당히 이례적이었다. 도쿄제국대학 공학부 미시마(三島)의 검토에 의하면, 그 외모로 볼 때, 또 그 비중이 주석이나 납보다도 훨씬 크고 경도(硬度)가 거의 석영과 같다는 점에서 운철(隕鐵)을 재료로 한 것으로 추정된다고 하나, 분석시험을 거치지 않아 명확히 밝히기 어려운 점을 유감으로 생각한다.

이 침상기에서 바로 연상되는 것은, 남만주와 조선 및 일본에서도 발견되는 이른바 결뉴상기(結紐狀器)[21]이다. 결뉴상기로 범칭되는 것은 석제와 동제 두 종류가 있는데, 석제의 예를 몇 가지 들면 다음과 같은 것이 있다.

---

19) 藤田·梅原·小泉, 『南朝鮮に於ける漢代の遺跡』, 앞의 책, pp.45~46.

20) 梅原末治, 「朝鮮新發見の銅劍銅鉾」, 『人類學雜誌』 第45卷 第8號, 1930, p.314~315.

21) 高橋建自, 『銅劍銅鉾の硏究』, 앞의 책, pp.191~192. 後藤守一, 「對馬瞥見錄」, 『考古學雜誌』 第13卷 第3號, 1922, pp.168~169. 藤田·梅原·小泉, 『南朝鮮に於ける漢代の遺跡』, 앞의 책, pp.99~100. 關野貞 外, 『樂浪郡時代の遺跡』, 朝鮮總督府, 1927, pp.239~240 등을 되풀이해서 읽기 바람.

① 관동청박물관 소장 남만주 비자와 동로탄(東老灘) 출토품(그림 35-2)

② 야마다 가쓰야스(山田勝康) 소장(小將) 소장 여순 관둔자 출토품(그림 35-1, 26-1)

③ 조선총독부박물관 소장 조선 평안남도 용강군(龍岡郡) 출토품(그림 35-8)

④ 도쿄 제실(帝室)박물관 소장 충청남도 부여군 출토품(그림 35-4)

⑤ 도쿄 제실박물관 소장 충청남도 부여군 출토품(그림 35-5)

⑥ 도쿄 제실박물관 소장 충청남도 부여군 출토품(그림 35-6)

⑦ 도쿄 제실박물관 소장 충청남도 부여군 출토품(그림 35-7)

⑧ 조선총독부박물관 소장 경상북도 경주군 내동면(內同面) 평리(坪理) 출토품

⑨ 조선총독부박물관 소장 경상북도 경주군 금천군(金泉郡) 출토품(그림 35-3)

⑩ 간다 나이부(神田乃武) 남작 소장 전(傳) 야마토국(大和國) 이시노카미(石上) 부근 출토품(그림 35-14)

동제의 예는 다음과 같다.

① 조선총독부박물관 소장 조선 평안남도 대동강군 출토품(그림 35-9)

② 조선총독부박물관 소장 조선 평안남도 대동강군 출토품(그림 35-10)

③ 조선총독부박물관 소장 조선 평안남도 대동강군 출토품(그림 35-11)

④ 조선 이왕직 박물관 소장 황해도 황주군(黃州郡) 흑교면(黑橋面) 출토품(그림 35-12, 38-2)

⑤ 도쿄제국대학 이학부 인류학교실 소장 쓰시마국(對馬國) 가미아가타군(上縣郡) 사고(佐護) 출토품(그림 35-13, 39-5)

이상 열거한 석제(옥제 포함) 또는 동제의 결뉴상기 및 이와 동일 계통에 속하는 것은 이번에 발굴한 침상기 전체, 또는 침상기의 주요 부분인 금속체와 그 형태상 관련성을 지니는 것으로, 용도상으로도 밀접한 관계가 있다고 추측된다.

3) 안상기(鞍狀器)

얇은 청동판을 안장 모양[鞍狀]으로 접어서 꺾은 것이다. 앞에서 기술한 침상기 금속체의 잘록한 부분을 덮고, 하단부는 금속체를 에워싼 틀의 중앙부에 접속되도록 만들어져서 양측 중앙에 각각 1개의 둥근 구멍이 뚫려 있다. 양 측면에 걸쳐서 종렬로 사선 띠가 나란히 새겨져 있는데 흡사 가는 밧줄을 가로 지른 듯하다. 정상에는 1개의 약간 큰 원형 구멍이 열려 있는데, 결손된 상태를 미루어 볼 때 어쩌면 일부 결뉴상기에서 볼 수 있는 파수형(把手形) 돌기가 이곳에 붙어 있었던 것일지도 모르겠다(도판 63-1~2, 그림 30-4). 앞서 기술한 교토제국대학 문학부 고고학교실 소장의 전(傳) 남만주 무순 출토 동제 병

상기는 이와 같은 종류의 기물을 동반한 것이다[22](그림 34). 그런데 이 특이한 동기의 용도에 대해서는 학계가 풀어야 할 하나의 수수께끼라고 하지 않을 수 없다. 하마다는 일찍이 침상기의 내부에 끼워져 있는 금속체를 주체부로 인식하고 그 외는 모두 이를 옹호하는 설비에 지나지 않는 것으로 보았다. 따라서 이를 일종의 종교적 용구로 고구하였는데,[23] 우리도 또한 동감하고 있었다. 이 기물을 하나의 독립된 것으로 보고, 또 이 금속체가 예로부터 영적인 것으로 여겨진 운철을 재료로 하고 있는 듯한 점을 고려하면 이러한 종류의 추론도 어쩌면 부당하지 않을 것이다. 하지만 종교적 용구로서의 추정은 다른 유력한 증거가 없는 한 여전히 불확실성을 면할 수 없으며, 따라서 한층 합리적인 해석이 요구되는 것이었다.

그런데 마침 경성제국대학의 후지타 료사쿠(藤田亮策)에 의해 검병으로 추정하는 설이 제출되었다. 동씨의 설은 물론 『서청속감』 소재의 한속문검이나 육무덕이 소장한 동검 병부와 같이 동검을 병상기의 반부 구멍 내에 삽입하여 고구한 것은 아니다. 오히려 이 이형 동기를 거꾸로 하여 나팔 모양으로 열린 원통부의 아래 입구에 삽입하는 것으로, 반부는 따라서 검수(劍首: 鐔)의 일부를 이루며, 침상기 및 안상기는 그 장식을 이루는 것으로 본 것이다. 대개 그가 논거로 하는 바는 지쿠젠국(筑前國) 하카다(博多)의 쇼후쿠지(聖福寺)에 수장된 이토시마군(絲島郡) 미쿠모(三雲) 출토 동검의 병두(柄頭)(그림 36-1) 및 앞서 기술한 조선 경주 입실리와 대동강면에서 발견된 검병을 비교 연구한 결과로, 자못 합리적인 추론이라 하지 않을 수 없다. 그의 추론은 이 이형 동기 연구에 하나의 진로를 연 것이다.

우리는 이형 동기와 공존했던 세형동검을 병상기의 아래 입구에 삽입하여 전체적으로 결합을 시도했다. 우선 동검을 병상기의 아래 입구에 고정시키기 위해 검의 인부 말단부터 경부에 걸쳐서 가는 끈을 얽어 보았다. 대개 동검 중에는 이 부분에 밧줄 흔적의 녹을 입고 있는 예도 있고,[24] 종종 인부 말단과 경부가 접한 곳에 횡렬로 2개의 작은 구

그림 36. 지쿠젠(築前) 미쿠모(三雲) 발견 동검(1), 히젠(備前) 고지마군(兒島郡) 아쿠라(飽浦) 발견 동검(2) 및 단바(丹波) 아마타군(天田郡) 오기마키(大木卷) 발견 석검(3)

22) 안상 동기 외에 또한 이와 함께 출토되었다고 하는 세형동검도 동교실 소장으로 돌아갔다.

23) 東亞考古學會 編, 『貔子窩』 本文末 補遺, 1929.

24) 우메하라 스에지(梅原末治)의 가르침에 의한다.

명이 뚫려 있는 것이 있으므로(그림 36-2) 이 곳에 끈을 감았던 것은 충분히 추측할 수 있었다.[25] 또 과극 등을 병부에 붙일 때에도 끈을 사용했다는[26] 점을 고려한 것이다. 경부에서 일단 끈을 묶고, 그 나머지 끝을 병상기의 원통부 안으로 넣어서 반부 중앙의 입구 밖으로 낸 다음, 끈의 각 끝을 구멍 입구의 양측에 있는 끈 걸이 돌기에 끼워서 바짝 당긴 후, 다시 양끝을 침상기의 내부를 통해 그 양측의 구멍 밖으로 내어, 그리고 이를 침상기의 주체부인 금속체의 잘록한 부분에서 긴박하면, 검신은 완전히 고정되고 동시에 침상기도 또한 병상기의 반부에 밀착되어 검병으로서 충분이 그 목적을 달성할 수 있다. 그리고 금속체의 잘록한 부분에 긴박한 끈의 나머지 끝을 다시 안상기의 내부를 통해 그 양측의 구멍으로 내어 정상에서 묶으면, 안상기는 금속체에 묶인 끈을 보호하면서 스스로도 병부에 접합된다. 즉 하나의 긴 끈을 가지고 용이하게 전 부분을 고착시킬 수 있고,[27] 또 형태상으로도 어떠한 부자연스러움도 없는 것이다(그림 37-2). 원통부에 칼을

그림 37. 조선 경주 입실리 발견 동검(1) 및 관둔자 발견 동검 병부 결합도(2)

25) 블라디보스톡 부근에서 세선거치문경(細線鋸齒文鏡)과 함께 출토되었다고 하는 동검에도 연결부 가까이에 2개의 구멍이 나란히 뚫려 있다. 鳥居龍藏, 『西伯利亞から滿蒙へ』, 大阪屋號書店, 1929, p.56.
그리고 일본 본토에서 발견된 동검이나, 석검 중에서 동검을 모방하여 제작되었다고 생각되는 것에도 같은 모양으로 구멍이 뚫려 있는 것이 있다. 그림 36-2~3은 그 한 예이다.

26) 關野貞 外, 『樂浪郡時代の遺跡』, 앞의 책, p.347, pp.354~356. 馬衡, 「戈戟之研究」, 『考古學論叢2』 第3葉表, 1928 참조.

27) 세형동검에 병부를 붙이는 방법에 대해서 시마다는 스에나가 마사오(末永雅雄)의 설명을 듣고, "동검의 앞뒤에 판을 대어 자루를 부가하면 분명 사용할 수는 있다"라고 했지만, 이어서 "이는 사용이 가능할 뿐 자연스럽지는 않다"고 의구심을 드러냈다. 나아가 "오히려 둥근 받침목[莖]을 깎아서 이에 고정용 못 구멍을 뚫어 자루에 붙인 것을 본체로 해야 한다. 또 이들 동검에 목제나 각제(角製) 등의 자루 이외에 동병(銅柄)도 있었다

고정하는 못 구멍이 있는 것은 끈으로 부착시킨 후 이를 다시 견고히 하는 방법을 취한 것이리라.[28] 우리는 후지타의 조언에 찬사를 표하는 바이다.

다음으로 생각해야 할 것은 이른바 결뉴상기의 용도인데, 이 또한 검의 병두(柄頭)로 보아 지장이 없을 듯하다. 조선 황해도 흑교면 출토품(그림 39) 및 쓰시마 가미아가타군 사고에서 출토된(그림 40) 결뉴상 동기, 또 조선 경주 내동면 평리에서 발견된 결뉴상 석기[29]가 모두 세형동검을 동반하고 있었고, 그 형상도 관둔자 출토의 침상기와 유사한 것이다. 이들 예에서는 병상 동기가 반출되지 않는 점이 그나마 문제가 될 것이다. 이 점에 대해서는 하나의 억설을 제출하고자 한다. 즉 이 종류의 검병은 반드시 청동제에 한정된 것이 아니며, 목제 또는 마디가 짧은 죽통(竹筒) 등이 사용되었던 것은 아닐까. 미쿠모에서 발굴된 동검의 병부로 보아도, 또 입실리나 대동강면 출토 검병으로 보아도 그 형태가 마디가 짧은 죽통에 유사하고, 병상 동기 그 자체의 형상도 또한 이와 유사한 느낌이 드는 것이다. 만약 다행히 이 추측이 허용된다면, 관둔자 발견의 이형 동기의 경우와 마찬가지로, 검신의 인부 말단에서 경부에 걸쳐 끈을 감아서 동제나 목제, 혹은 죽제 병부 원통의 한 끝에 삽입하여 붙이고, 일단 매듭을 지은 끈의 나머지 끝을 원통의 다른 구멍으로 통과시켜서 그곳에 끼워둔 결뉴상기의 묶는 부분에 긴박하여 검신의 이탈을 방지한 것으로 볼 수 있지 않을까. 요컨대 결뉴상기는 석제이든 동제이든 가운데가 빈 병부의 한 끝에 끼워진 검신을 죄어서 이탈을 방지하기 위한 끈걸이 용도로 사용된 것으로 보는 것이다.[30]

그림 38. 주의 비수

....

는 것은 조선 출토의 예를 통해 알 수 있다"고 설명했다. 그 부착 방법은 그의 삽도 제19에 도해되어 있다(『筑前須玖史前遺跡の研究』, 앞의 책, pp.38~39). 실제 많은 동제 검병에 고정용 못구멍이 있는 것은 본문에 서술한 것과 같으므로 시마다의 설명처럼 고정용 못을 사용한 예가 있는 것은 사실이다. 다만 못으로 고정한 다음 다시 끈으로 긴박하면 한층 견고하게 부착될 수 있다.

28) 이에 상응하여 동검의 경부에도 고정용 못 구멍이 설치되어 있는 것이 있다. 쓰시마 사고의 동검이 그 한 예이다.

29) 梅原末治, 「朝鮮新發見の銅劍銅鉾」, 앞의 글, pp.305~307.

30) 이들 특징적인 병두를 지니는 세형동검은 주대나 한대에 어떠한 명칭으로 불렸을까. 우리는 이에 대해 하나의 억설을 시도하고자 한다. 이 종류의 세형동검은 그 유물의 발견 수로 증명되듯이 당시 상당히 성행된 것에 틀림없다. 게다가 문헌이 구비되어 있던 시대의 일이므로 이에 맞는 명칭이 존재했었으리라고 생각된다. 따라서 이를 비수(匕首)로 비정해보고자 한다. 통속문에 의하면, 비수는 단검인데, 그 머리가 숟가락[匕]에 유사하므로 이렇게 불렸던 것으로, 그 길이는 1척 8촌으로 전해지고 있다. 주척(周尺; 왕망시대의 유흠척劉歆尺, 후한의 건초척建初尺)의 1척 8촌은 우리의 1척 2촌에 해당하므로, 보통 1척 전후의 길이를 지니는 세형동검에 병부의 길이를 더하면 우선 그 정도의 길이가 되는 것이다. 비수라는 이름은 전제(專諸)나 형가(荊軻)의 고사를 비롯하여 주와 한의 역사상 많이 산견되어 있는데, 요컨대 그 이름은 병두가 숟가락[匕: 匙]의 형태와 유사하기 때문이다. 그런데 이에 상당하는 적절한 유물은 아직 소개되어 있지 않다. 『서청속감』에는 주의 비수로(그림 38) 구병(鉤兵)이어야 할 창[戟] 종류를 수록하고 있으나 심한 오류라고 하지 않

본 유적은 이상 서술한 바와 같이 종래 다른 곳에서 그 유례가 없던 것으로, 소토가 벽돌처럼 응고되어 있고 내부에 재가 존재한 점으로 인해 가마터로 추정할 수 있을지도 모르겠다. 하지만 앞에서 기술한 바와 같이 동기가 정연하게 매장되어 있었다는 점에서 그러한 해석을 용인할 수 없다. 오히려 이는 관곽의 일종으로 간주하는 것이 타당하다고 생각된다. 『예기』의 「단궁」편에, 주나라 사람이 '하후씨의 즐주'로 중상(中殤)과 하상(下殤)을 장사지냈다고 기록되어 있고, 정현(鄭玄)은 이에 주석하여, "불로 구운 것을 즐주라 하는데, 흙을 구워 관의 주위에 두른 것으로, 혹은 이를 토주라 하는 것은 이 때문이다(火熱日聖周, 燒土冶以周於棺也, 或謂之土周由是也)"라고 하였다. 또 원(元)의 진씨(陳氏)의 주석에도, "즐주는 혹은 이를 토주라 하는데, 즐이란 것은 불타고 남은 재로 대개 흙을 구워 벽돌로 만들어 관의 사방 둘레에 묻은 것이다?(聖周或謂之土周, 聖者火之餘燼蓋冶土爲甄, 而四周於棺之坎也)"라고 하였다. 미리 구덩이 즉 묘광의 주위를 불태워서 굳힌 후에 시구(尸柩)를 묻는 것으로, 본 유적의 상태와 완전히 일치한다.

다음으로 이 유적의 연대에 관한 문제이다. 본 유적은 가까이 있었던 제1옹관이 벼랑 위의 밭면에서 겨우 2척 남짓에 불과한 위치에 있었던 것에 비하여, 다시 3척 남짓 내려간 깊이에 있었다. 이는 일견 둘 사이에 상당한 연대적 거리가 존재한다고 추측하게 하는 점이 있다. 하지만 이 벼랑 벽에 포함되어 있는 토기편의 조사에서는 어떤 층위적인 구별도 보이지 않았다. 대개 이 지역은 고대에도 마찬가지로 강변이었고 홍수로 인해 일시적으로 두터운 토양층이 퇴적된 시대가 있었다고 생각되므로, 이 두 유적은 오히려 거의 동시대 또는 비교적 근접한 시대로 보는 것이 온당할 것이다. 요컨대 주말 한초 사이의 것으로 보아 큰 착오가 없을 듯 여겨진다.

·······························

을 수 없다. 생각건대 결뉴상기의 일부, 예를 들면 대동강면 출토(그림 35-11)나 흑교면 출토(그림 35-12), 사고 출토(그림 35-13)의 동제품 같은 것은 숟가락[匕]형으로 판단해도 불합리하지 않고, 검병의 두부에 끈 걸이로서 이것이 더해졌으므로 비수라고 한 것이 아닐까. 또 석제의 결뉴상기 중에도 숟가락의 두부를 뒷 방향으로 본 듯한 형상을 갖추고 있는 것이 있으므로, 이 종류의 결뉴상기를 검수(劍首)로 하는 단검을 총칭하여 비수라는 이름으로 부른 것은 아닐까.

제5장
결 론

목양성이 소재한 구릉 및 부근 일대가 석기시대부터 주말(周末)에 이르기까지 이미 주민의 취락지였던 점은 각종 유물이 증명하는 바이지만, 토성 그 자체의 창건 연대는 언제일까. 토루 중에 포함된 토기 잔편이 모두 원시적인 것이고, 그중에 한와가 거의 확인되지 않는다는 점을 성내에서 발견되는 유물과 연관하여 볼 때 그것이 한대에 건조된 것임은 거의 의심의 여지가 없는 바이다. 하지만 성지에 시굴한 고랑 내에서 발견된 와당 중 반와당에 속하는 것은 아직 조선 낙랑군 유적에서 출토되지 않았고, 오히려 하북성 역현 연국 고성지에서 발견되었다. 게다가 같은 고성지에서 전국시대의 것으로 인정해야 할 도철문이나 용마문 등이 표현된 고식(古式) 반와당이 함께 출토되었고, 본 성지 발견의 반와당은 이와 밀접한 계통적 관계가 있다는 점에서 전한 초기에 속하는 것임을 추측하게 한다. 따라서 이 성지의 창건 연대를 전한에 두어도 꼭 불합리하지는 않을 것이다.

다음은 그 존속 시기인데, 왕망의 주조와 관련된 대천오십이 발견된 점과 부근 소재의 전묘(塼墓)에 대천오십과 연계된 문양을 찍은 벽돌이 있다는 점으로 추정할 때 왕망시대를 거쳐왔다는 것은 틀림이 없을 것이다. 다만 왕망 이후 어느 시대까지 계속되었는지는 명확하게 증명할 단서가 없다. 하지만 성지에서 한대 및 한 이전의 전화가 많이 발견됨에도 불구하고, 육조 이후 당송 무렵의 것은 하나도 출토되지 않고 바로 청조의 주화가 서너개 발견된 것은 자못 주목할 가치가 있다. 게다가 다른 유물도 이와 상응하는 동일 현상을 보이는데, 토기에서든 동제품에서든 한대와 청조 사이를 이을 만한 유물은 이 조사에서 거의 확인되지 않았으며 오히려 근세의 도편(陶片)과 총환(銃丸), 마작패(麻雀牌) 등이 보일 뿐이었다. 생각건대 이 토성은 적어도 위진(魏晉) 이후에는 황폐하여 인적이 희소한 땅이 되었고,[1] 그 결과 오히려 성지로서 당시의 모습을 비교적 잘 보존하게 된 것이 아닐까.

본 성지는 이미 서술한 바와 같이 그 규모가 자못 협소하여 한대의 한 현치에 지나지 않는다. 게다가 본 조사의 결과 건축물은 성내 북반부에만 모여 있었던 것으로 생각되고, 초석이라고 할 만한 것도 적었으므로 성내에 큰 건축물이 존재했다고 짐작되는 점은 발견되지 않았다. 하지만 부근 일대에 다수의 한묘가 잔존해 있고, 또 성지에 근접한 관둔자의 밭지역에서 한대에 속하는 '하양령인' 및 '무고중승'의 두 봉니[2](그림 26-9~10)가 발견된 것으로 볼 때 이 지역은 당시 상당히 번영하였고 중국 중앙부와의 연락도 밀접했다고 여겨진다. 당시 중앙과의 교통은 북방 육로와 함께 해로를 통해 산동과 왕래하는 것도 빈번했음을 지리상으로 관찰하여 쉽게 추측할 수 있다. 게다가 부록 2에서 서술한 바와 같이, 묘도 열도(廟島列島)가 포석한 발해만 입구를 사이에 두고 건너편의 산동에서 목양성과 같은 상황의 한대의 성지를 찾을 수 있었던 것은 이 추측을 뒷받침하는 것이다.

다음으로 목양성 부근의 고묘 중 패묘, 석묘, 옹관 및 즐주묘에 대한 조사는 기존의 연구에서 한 발나아간 것으로, 완전히 신자료를 추가한 것이라고 할 수 있을 것이다. 그 결과는 이미 여러 차례 기술한 바와 같지만, 이제 이를 요약하면 다음과 같다.

A. 패묘에서 출토된 토기는 본 성지 발견 토기의 갈래 중 제2부류의 계통을 잇는 것 및 순연한 한식인 제3부류에 속하는 것이었다. 따라서 이미 선배 연구자들이 고증한 바와 같이 전한에서 후한 사이의 한 묘제인 것에는 어떤 의혹도 없다. 패묘의 구성은, 묘광 내에 곽벽을 설치하고 곽벽과 광벽의 간극에 토양을 메우는 대신에 바닷가에서 습득하기 쉬운 패각으로 이를 지탱한 것이다.

B. 석묘는 패묘가 곽벽의 주위에 패각을 메운 것과 마찬가지 방식으로 석괴를 쓴 것이다. 이번에 발견한 것은 출토된 토기 및 기타 유물로 추측할 때 대략 주말 한초에 그 연대를 두어야 할 것으로, 패묘보다는 상대 연대가 약간 오래된 것으로 보는 것이 타당할 듯하다.

C. 옹관은 반출물이 결여되어 있었으므로 연대를 고구하는 데 있어 유감스러운 점은 있으나, 관으로써 사용된 옹 자체에 제1부류와 제2부류, 제3부류의 토기가 아울러 존재한 점으로 주말 한초의 묘제로 생각될 듯하다. 그리고 하북성 역현의 연국 고성지 내에 같은 종류의 옹관이 다수 모여 있고, 또 이에 사용된 옹이 이번에 발견된 제3옹관의 중앙에 해당하는 것과 동일 성질이라는 점에서, 이는 적어도 화북(華北) 일대에서 당시에 행해진 장법의 하나로 생각된다. 『예기』에 소아를 매장한

---

1) 조선 평안남도 대동강변 낙랑군 토성도 역시 진초에는 폐퇴되어 있었다.
2) 본서 4장 주 13 참조.

것으로 기록된 이른바 와관의 계통에 속할 것이다.

　　D. 즐주묘는 이번에 처음으로 그 한 예를 발견한 것에 불과하므로, 그 성질을 충분히 결정하기에는 재료에 부족한 점을 면할 수 없다. 하지만 부장품이 동제 병기뿐이었다는 점에서 그 연대가 적어도 주말 한초를 내려오는 것이 아님을 짐작할 수 있다. 또 묘의 구조로 추측컨대 『예기』에 기록된 즐주로 비정해야 할 것으로 생각된다.

　　목양성지 및 부근에서 발견된 각종의 유물은 이미 각 항목에서 여러 차례 설명한 바와 같지만, 특히 앞의 즐주묘나 석묘에서 출토된 동검 및 그 외의 동제 병기는 중국문화의 동점사(東漸史)를 생각할 때 자못 흥미로운 것이다. 종래 일본에서는 북규슈를 중심으로 동검과 동모 종류가 많이 출토되었고, 조선에서도 같은 종류의 것이 발견되어 두 곳의 청동기 문화가 밀접한 관계를 지닌 것임은 학계가 이미 인정하는 바이다. 그런데 남만주의 일각에서 동일 문화권에 속할 만한 동제 병기가 확실한 유적에서 발견된 것은 이 종류의 문화 연구를 조선 이북으로 한층 더 확장시킬 필요를 통감하게 한다. 따라서 본 보고를 마무리 하며, 사족의 느낌은 있으나 이 종류의 문화 이동에 관하여 부족하나마 개관하고자 한다.

　　대체로 주말에서 진대에 걸쳐 이미 철제 병기가 존재했으나, 일반에 사용된 병기가 여전히 청동제였던 것은 진의 시황제가 민간의 병기를 몰수하여 종과 금인(金人)을 주조한 한가지 사례를 보아도 짐작하기 어렵지 않다.[3] 게다가 시황의 병기 소각은 중국 고대 병기의 연혁을 고찰하는 데에 커다란 주의를 촉구하는 점이 있다. 즉 시황이 민간의 병기를 절멸시키지는 못했다고 해도 동시에 병기의 새로운 주조를 금단했기 때문에, 어쨌든 진의 번성기에는 민간의 병기가 극도로 감소되었던 것은 사실일 것이다. 따라서 진말 한초의 대소란기에는 병기의 대대적인 제작이 촉진되었음에 틀림없고, 그때 청동제의 구병기가 점차 폐지되고 전국시대 이후 대두되어온 철제의 신병기가 이를 대신하여 채용되게 된 것은 상상하고도 남는다. 당시 철의 수용이 점점 급증하여 한의 무제 때가 되면 드디어 철의 관영(官營)에 이르는 것은 이 사이의 사정을 보여주는 것이라 할 것이다.[4]

　　중국 내지에서 동제와 철제 병기의 교체가 이루어진 시대에 남만주와 북부 조선 방면의 문화는 어떠한 상태였을까. 남만주에는 이미 석기시대부터 중국인이 거주한 흔적이 인정되는데,[5] 적어도 주말부터 한초에 걸쳐서 상당히 많은 중국 이민이 들어와 있었던 것은 문헌상으로도 또 유물에서도 고찰될 수

3) 原田淑人, 「支那古代鐵刀劍考」, 『東洋學報』 第4卷 第2號, 1914. 章鴻釗, 「中國銅器鐵器沿革考」, 『石雅』 附錄, 1927. 松本文三郎, 「古代支那の鐵器に就いて」, 『東洋文化の研究』, 1916 등을 참조 바람.
4) 위의 글들 참조.
5) 본서 p.71 참조.

있는 것으로, 관둔자 발견의 즐주묘와 같은 것이 남아 있는 일은 결코 우연이 아니다. 북부 조선에서도 기씨(箕氏)나 위씨(衛氏)와 같이, 가령 그 이끌었던 바가 소수였다고 해도 중국 이민이 점거한 것은 사실이었으므로,[6] 한 무제가 사군을 설치하여 대규모로 그 세력을 뿌리내리게 한 이전에 중국 문화의 침윤이 적지 않았다는 점은 누구라도 인정하는 바이다. 당시 남만주나 북부 조선의 토착민은 석기시대에서 금석(金石) 병용 시대로 들어선 정도의 문화 상태에 놓여 있었을 것인데, 중국 이민은 확실히 청동기시대 고급 문화의 소유자였던 것은 의심할 여지가 없다. 한의 낙랑군 관내에 남겨진 유적에서도, 그 출토 상태가 명확하지는 않지만 남만주 출토품과 동일 계통에 속하는 동검이 발견되어 조선총독부 박물관이나 평양에 주재하는 여러 사람의 소장으로 돌아가 있다.[7] 또 1925년에 하라다 등이 조사한 한 전곽묘(甎槨墓)에서도 칠초(漆鞘)에 삽입된 동검 단편이 발견되었다. 이들 동검의 어떤 것은 한 무제 이후에도 사용되었던 것이라는 점은 부정할 수 없으나, 그 어떤 것은 같은 지역에서 출토된 진 시황 25년의 명문이 있는 동과(銅戈)[8]와 마찬가지로 오래전부터 존재하고 있었던 것이리라. 어쨌든 이들 동검은 한 무제 이후 도래한 중국의 이민이 남긴 것이라기보다는 오히려 한 무제 이전의 구이민 또는 그 자손이나 토착민 사이에 존재한 것으로 해석해야 할 것이다. 황해도 흑교면에서는 남만주 관둔자의 즐주묘에서 출토된 침상 동기와 형태상 연관성을 지니는 결뉴상 동기를 동반한 동검이 발견되었고, 그것이 한의 선제(宣帝) 신작(神爵) 2년에 주조된 천상횡문 오수(穿上橫文五銖)와 공존한(그림 39) 점에도 같은 해석을 내리는 것에 주저하지 않는다.

다음으로, 남부 조선 및 일본에서 출토된 세형동검이 남만주 및 북부 조선 출토품과 동일 계통에 속하는 것임은 물론이지만, 동시에 이른바 크리스형 동검과 세선거치문경(細線鋸齒文鏡) 및 동탁(銅鐸)도 역시 동일 계통의 문화에 속하며[9] 어떤 시기에 서로 공존했던 것이다. 이는 학계에서 주지하는 바와 같이, 조선 경상북도 경주군 입실리에서 출토된 세형동검 및 크리스형 동검과 세선거치문경, 나가토국(長門國) 도요우라군(豊浦郡) 야스오카무라(安岡村) 오아자도미토(大字富任) 가지쿠리하마(梶栗濱)의 세형동검 및 세선거치문경(그림 41), 아키국(安藝國) 아사군(安佐郡) 후쿠키무라(福木村) 후쿠다(福田) 출토 세형동검과 크리스형 동검 및 동탁(그림 42), 그리고 야마토국(大和國) 미나미 가쓰라기군(南葛城郡)

---

6) 『史記』「朝鮮列傳」.

7) 藤田 · 梅原 · 小泉, 『南朝鮮に於ける漢代の遺跡』附錄(北朝鮮新出土銅劍銅鉾), 1929 참조.

8) 위의 책 pp.151~152. 아울러 關野貞 外, 『樂浪郡時代の遺跡』, 朝鮮總督府, 1927, pp.345~350 및 각 삽도를 보기 바람.

9) 일본의 청동기 문화에 속하는 유물 연구에 관해서는 츠보이(坪井), 누마타(沼田), 하마다(濱田), 기타(喜田), 다카하시(高橋), 도리이(鳥居), 나카야마(中山), 우메하라(梅原) 시마다(島田), 고토(後藤), 모리모토(森本) 등 여러 학자의 노력으로 이루어진 유익한 논문이 단행본이나 여러 잡지에 게재되어 있다. 번잡을 피해 이를 열거하는 것은 생략한다.

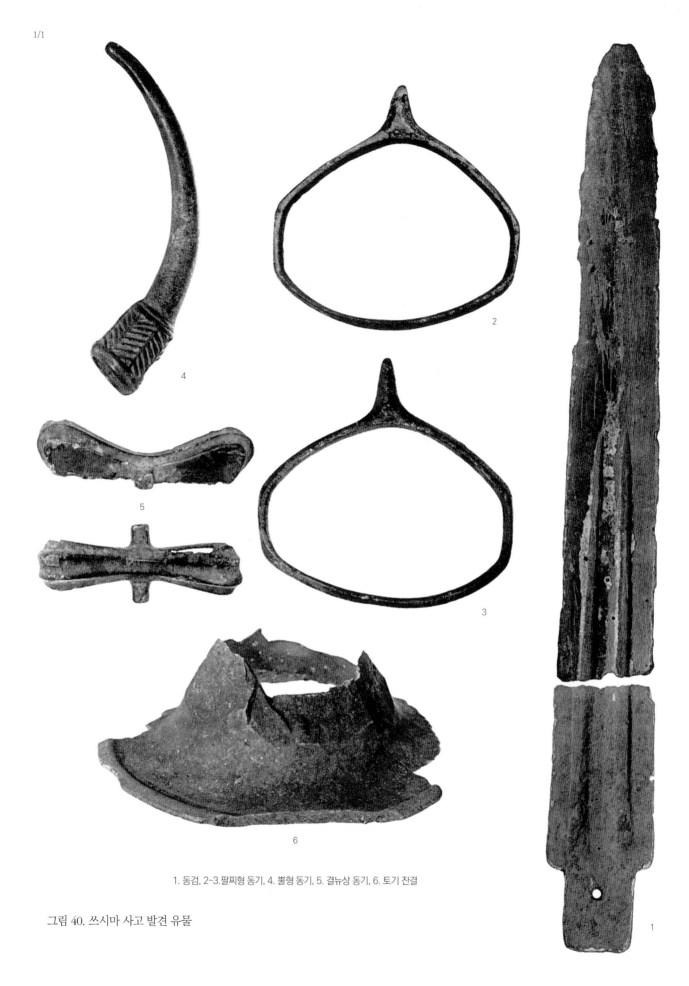

1. 동검, 2~3.팔찌형 동기, 4. 뿔형 동기, 5. 결뉴상 동기, 6. 토기 잔결

그림 40. 쓰시마 사고 발견 유물

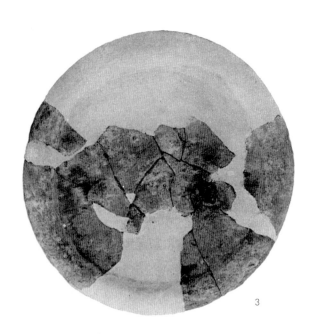

1~2. 세형동검, 3. 세선거치문경

그림 41. 나가토국 도미토(富任) 발견 유물

한다고무라(吐田鄕村) 나가라(名柄)에서 세선거치문경과 동탁이 함께 발견된(그림 43) 점에 의거하여 증명되는 바이다.

크리스형 동검 및 동탁은 아직 남만주 및 중국 내지에서는 그 유사품이 발견되지 않았으므로, 다수의 학자가 말하는 바와 같이 중국 문화의 직접적인 소산이 아니라 그 영향을 받은 동방민족 사이에서 제작된 것으로 보아둘 수밖에 없다. 세선거치문경은 시베리아 블라디보스톡 부근에서 세형동검과 함께 발견되고 있으므로,[10] 현재로서는 그 제작자에 대한 추정을 세울 수는 없다.[11] 크리스형 동검은 다카하시 겐지(高橋建自)가 칭한 바와 같이[12] 구병(鉤兵)으로서 중국의 동과(銅戈)와 그 관계가 인정되지만, 중국에서 동과가 성행한 것은 주대였고 한초 이후에는 오히려 구병으로서의 형태를 잃은 것으로 생각된다.[13] 따라서 크리스형 동검의 출현은 적어도 한의 무제 이전에 두어야 할 것이다. 세선거치문경은 진한 양대의 경감(鏡鑑)과 비교할 때 상이점이 큰 부분이 있고, 특히 한 낙랑군 시대의 유적이 허다하게 잔존하여 한식경이 빈번히 출토되는 대동강변에서 발견된 이 종류의 세선거치문경 2면[14]은, 당시의 이 지역 토착민이 한경에서 규범을 취하여 모방해 만든 것으로는 도저히 생각되지 않는다. 따라서 세선거치문경의 출현도 마찬가지로 한 무제 이전에 두어야 할 것이다. 동탁에 대해서는 일부 학자를 제외하고는 중국 종과의 관계를 인정하는 바이지만, 중국에서 종이 활발히 제작되고 또 일종의 보물로 존중된 것은 주대였고 한대 이후는 이에 대한 사상에 변화가 일어났다.[15] 따라서 동탁의 출현 역시 적어도 한 무제 이전

....

10) 鳥居龍藏, 『西伯利亞から滿蒙へ』, 大阪屋號書店, 1929, pp.55~60.

11) 다카하시 겐지는 세선거치문경과 한경의 관계는 친자관계가 아니고 같은 모계에서 분파된 종형제의 관계라고 하고(「新發見の細線鋸齒文鏡について」, 『考古學雜誌』 第19卷 第3號, 1929, p.211), 모리모토 로쿠지(森本六爾)는 보다 낮은 문화의 민족이 고급 문화인 중국의 경식을 모방하며 그들의 전통적인 문양을 나타낸 것으로 보고 있다(「多紐細文鏡考」, 『考古學研究』 第1輯, p.57). 양설 모두 연대를 한대로 하고, 제작자를 중국 이외의 민족으로 인정한 것이다. 이에 비해 기타 사다키치(喜田貞吉)는 선진(先秦)시대의 중국경일 것이라고 추정하고 있다(『歷史地理』 第32卷 第2號, p.114).

12) 高橋建自, 『銅劍銅鉾の研究』, 聚精堂, 1925, pp.108~118.

13) 구병으로서의 동과가 전한 초기까지 행해진 것은 유물을 근거로 살펴지지만, 낙랑군 유적에서는 진 시황 25년 기명의 것 외에는 아직 출토되지 않았다. 오히려 이 종류의 동제 혹은 철제의 유지(有枝) 병기로는 자루[柄]와 직각을 이루지 않고 자병(刺兵)으로서 수직으로 부착된 것이 많이 발견되었다. 아마 전한 중기 무렵부터 한의 화상석(畵象石)에 보이는 것과 같은 것으로 변한 것이 아닐까. 낙랑 출토의 극(戟)에 대해서는 關野貞 外, 『樂浪郡時代の遺跡』, 앞의 책, pp.353~356 참조.

14) 高橋建自, 「新發見の細線鋸齒文鏡について」, 앞의 글. 梅原末治, 「朝鮮新發見の銅劍銅鉾」, 『人類學雜誌』 第45卷 第8號, 1930, pp.302~304를 보기 바람.

15) 청(淸)의 원원(阮元)은 그 저서 『적고재종정관식(積古齋鐘鼎欵識)』 권1 「동기설(銅器說)」 하편에서 한 이전의 동기에 대해 다음과 같이 서술하고 있다.
"삼대 때에 정(鼎)과 종은 가장 귀한 기물이었다. 따라서 나라를 세울 때에 정과 이(彝)로 분기(分器)를 하는

2

1: 동탁, 2: 세선거치문경

그림 43. 야마토국 한다고 발견 유물

1

에 두지 않으면 안 될 것이다. 평형(平形)[16) 동검과(그림 44) 같은 것은 다른 퇴화형 청동 병기와 함께 청동기 시대의 여운을 이어받은 채 한 무제 이후의 신문화 시대에 출현한 것으로 보는 데에 아무런 이의가 없다.

경우가 있는데, 무왕에게 분기에 대한 문장이 있고, 노공이 이(彝)를 나눈 것이 있다. 제후나 대부가 조회와 연회를 하면서 중기(重器)를 하사하는데, 주왕이 괵공에게 술잔을 주고, 진후가 자산에게 정을 하사한 것이 이것이다. 소국이 대국을 섬기면서 중기를 뇌물로 바치는데, 제후(齊侯)가 진나라에게 땅을 바치면서 먼저 기증(紀甑)을 주고, 노공이 진나라 경에게 수몽(壽夢)의 정을 뇌물로 바치며, 정나라가 진나라에 양종(襄鐘)을 바치고, 제나라 사람이 진나라에 종기(宗器)를 바치며, 진후(陳侯)가 정나라에 종기를 바치고, 연나라 사람이 제나라에 가이(斝耳)를 바치며, 서나라 사람이 제나라에 갑부정(甲父鼎)을 뇌물로 바치고, 정백이 진나라에 종박(鐘鎛)을 들인 것이 이것이다. 대국이 소국을 정벌하면서 중기를 취하는 경우가 있는데, 노나라가 운(鄆)의 종을 취하여 공반(公盤)을 만들고, 제나라가 노나라를 공격하여 잠정(岑鼎)을 요구한 것이 이것이다. 덕을 서술하고 자신을 경계하는 내용을 새겨 중기를 만드는 경우가 있는데,『예기』「제통」에는 공회(孔悝)에 대해 새긴 것을 서술했고, 숙향(叔向)은 정에 참소를 싫어함을 새겼다고 술회했으며, 맹희자(孟僖子)가 정고부(正考父)의 정에 새겨진 것에 대해 말하고, 사소(史蘇)가 상나라 쇠퇴를 새긴 정에 대해 서술한 것이 이것이다. 스스로를 과시하는 내용을 새겨 중기를 만드는 경우가 있는데, 예지(禮至)가 국자(國子)를 죽인 것을 새기고, 계무자(季武子)가 제나라 군사를 얻은 것을 새긴 것이 이것이다. 정과 제기에 정령을 새겨서 주조하여 중기를 만드는 경우가 있는데, 유사가 종이(宗彝)에 맹약문을 새기고, 진나라와 정나라가 형정(刑鼎)에 형서를 주조한 것이 이것이다. 또한 왕의 기강이 쇠퇴할 때에 천자의 사직을 가지고 정기(鼎器)와 함께 존망이나 경중을 같이 하는 경우가 있는데, 무왕이 상나라의 구정(九鼎)을 낙수로 옮기고, 초왕이 주나라에게 솥에 대해 물으며, 진나라가 군사를 일으켜 주나라에 다가가서 구정을 요구한 것이 이것이다. 이것이 주대 이전의 설이다(三代時鼎鐘爲最重之器, 故有立國以鼎彝爲分器者, 武王有分器之篇, 魯公有彝器之分是也, 有諸侯大夫朝享而賜以重器者, 周王予虢公以爵, 晉侯賜子產以鼎是也, 有以小事大, 而賂以重器者, 齊侯賂晉以地, 而先以紀甑, 魯公賄晉卿以壽夢之鼎, 鄭賂晉以襄鐘, 齊人賂晉以宗器, 陳侯賂鄭以宗器, 燕人賂齊以斝耳, 徐人賂齊以甲父鼎, 鄭伯納晉以鐘鎛是也, 有以大伐小, 而取爲重器者, 魯取鄆鐘, 以爲公盤, 齊攻魯, 以求岑鼎是也, 有爲述德儆身之銘, 以爲重器者, 祭統述孔悝之銘, 叔向述讒鼎之銘, 孟僖子述正考父之鼎銘, 史蘇述商衰之銘是也, 有爲自矜之銘, 以爲重器者, 禮至銘叔國子, 季武子銘得齊兵是也, 有鑄政令于鼎彝, 以爲重器者, 有司約書約劑于宗彝, 晉鄭鑄刑書于刑鼎是也, 且有王綱廢墜之時, 以天子之社稷而與鼎器共存亡輕重者, 武王遷商九鼎于洛(雒), 楚子問鼎于周, 秦興師臨周, 求九鼎是也, 此周以前之說也)."

나아가 한 이후의 동기에 대한 사상의 변화를 서술하여 다음과 같이 말한다.

"한에서 당에 이르기까지는 고기(古器)를 보기가 힘들다. 우연히 오래된 솥을 얻으면, 혹 개원에 이르거나 상서로운 조짐으로 칭하여 사책에 기록하고, 유학에 조예가 깊은 신하로 그것을 변별할 수 있는 자가 있으면, 세상이 놀라고 기이하게 여긴다. 따라서『설문』의 서(序)에서 이르기를, '군국(郡國)의 산천에서 왕왕 정이나 제기를 얻는데, 그 명문은 곧 전대의 고문이다'라고 한 것이 이것이다. 지금 대략 그것을 헤아려보면, 한나라 원정 연간에 분양(汾陽)에서 보정(寶鼎)을 얻었고, 4년 6월에 보정을 후토사(后土祠) 근처에서도 얻었으며, 선제 때에 미양(美陽)이 정을 얻어 바쳤는데 장창(張敞)이 그것을 판별하였고, 영평 6년에 왕락(王雒)에서 보

요컨대 주말 한초의 남만주는 조선 및 일본의 금속문화의 발족지로서, 그 문화가 점차 동방으로 파문을 넓혀 북부 조선에서 남부 조선으로, 또 남부 조선에서 일본에까지 미친 것이다. 그 문화의 침윤은 뜻밖에 농후한 색채를 띠어, 중국 내지에서는 이미 순연한 절기시대에 들어선 시대에도 여전히 길게 이어지는 여음을 동방에 머물게 한 것이다.

하라다 요시토
고마이 가즈치카

[부기]

목양성 부근의 즐주묘에서 발견된 동제 검파(劍把) 및 그 일부인 침상기와 형태상 밀접한 관계를 지니는 결뉴상기의 용도에 대해서는 이미 본문 제4장에서 우리가 추정한 바인데, 우연히 이 추론을 정설로 할 수 있는 신자료가 보고된 것은 자못 쾌사로 여겨진다. 해당 신자료는 나가토국 오쓰군(大津郡) 무카쓰쿠무라(向津具村)에서 발견된 동검으로(그림 45), 약 50년 전에 출토된 것이 이번에 야마구치(山口) 고등학교 강사 오가와 고로(小川五郎)에 의해 비로소 학계에 보고된 것이다.

그 상세한 사실은 조만간 동씨가 발표하는 연구 자료에 미루는 바이지만, 다만 그림에 대한 설명을 덧붙이자면 해당 동검은 고분 등에서 단독으로 출토된 것으로 전장 1척 4촌 7분에 칼날 끝이 약간 결손되어 있다. 현재는 여러 조각으로 절단되어 있으나, 검신과 검파가 전부 한 자루로 주조되어 있고 무문이다. 생각건대 이 종류의 검파는 이미 서술한 바와 같이, 여러 기물이 조합되어 하나의 도구를 이루어서 검신에 부착되는 것을 원칙으로 하는 것이 단순화되어 본 기물과 같은 형태를 취하게 되었을 것이다. 검파 말단에 조선 평안남도 어을동(於乙洞) 발견의 석제품(그림 35-8) 및 같은 대동강면 발견의 동제품(그림 35-9)과 동일 형태의 결뉴상기가 부착되어 있는 것은 특히 흥미로운 부분이다. 이 기사 및 사진을 여기에 추록할 수 있는 것에 대해서는 하마다 박사 및 오가와씨에게 깊이 감사하는 바이다.

정이 나왔으며, 영원 원년에는 두헌(竇憲)이 중산보정(仲山甫鼎)을 바쳤고, 적오 12년에 보정이 임평호(臨平湖)에서 나왔으며 또 영현(鄮縣)에서 나왔다.(이하 생략)(自漢至唐, 罕見古器, 偶得古鼎, 或至改元稱神瑞, 書之史冊, 儒臣有能辨之者, 世驚爲奇, 故說文序曰, 郡國往往于山川得鼎彝, 其銘卽前代之古文是也, 今略數之則, 有漢元鼎汾陽得寶鼎, 四年六月得寶鼎后土祠旁, 宣帝時美陽得鼎獻之, 張敞辨之, 永平六年王雒出寶鼎, 永元元年竇憲上仲山甫鼎, 赤烏十二年寶鼎出臨平湖, 又出鄮縣 (下略))"

16) 高橋建自,「銅劍銅鉾考」1·2,『考古學雜誌』第6卷 第11號·第12號, 1916.7·8 참조.

그림 45. 나가토 오쓰군
무카쓰쿠무라(向津具村) 발견 동검

약 3/5

목양성 부근
고묘 발견 인골

서론

우리가 보고하고자 하는 인골은 1928년 10월, 동아고고학회가 발굴 조사한 남만주 목양성 부근의 고묘에서 얻은 것으로, 합계 9체(體)이다. 그 출토지 및 사례 수를 명기하면 다음과 같다.

1) 제1호 (기요노清野 제813호)

　　1928년 10월 16일, 여순 조가탄(刁家疃) 동북 구릉 제2호 패묘에서 발굴.

　　: 거골(距骨/목말뼈/talus) 좌우, 근골(跟骨/발꿈치뼈/calcaneus) 좌우, 족주상골
　　(足舟狀骨/발배뼈/navicularbone) 좌우, 투자골(骰子骨/입방뼈/cuboid-
　　bone) 좌우 및 경골(脛骨/정강이뼈/ibia) 파편.

2) 제2호 (기요노 제814호)

　　1928년 10월 15일, 관둔자(官屯子) 북쪽 구릉 패묘 군집지에서 발굴.

　　: 두개(頭蓋/머리뼈/cranium skull) 파편, 추골(椎骨/척추뼈/vertebra) 제7, 제
　　12, 제13, 제15, 제16, 제17, 제18, 제19, 제22, 늑골(肋骨/갈비뼈/rib) 파편 수
　　개, 상박골(上膊骨/위팔뼈/humerus) 우, 요골(橈骨/노뼈/radius) 우, 척골(尺
　　骨/자뼈/ulna) 우, 골반골(骨盤骨/볼기뼈/innominate bone) 및 천골(薦骨/엉
　　치뼈/sacrum) 파편, 대퇴골(大腿骨/넙다리뼈/femur) 좌우, 경골(脛骨) 좌우,
　　거골 좌우.

3) 제3호 (기요노 제815호)

　1928년 10월 14일, 우가탄(于家疃) 동쪽 제5호 패묘에서 발굴.

　: 두개 파편, 하악(下顎/아래턱뼈/mandible), 추골(제2, 제4 추골 빠짐), 늑골 좌
　우 제4, 제5, 제6, 제7, 제8, 좌 제11, 제12 및 파편, 흉골(胸骨/복장뼈/sternum)
　파편, 견갑골(肩胛骨/어깨뼈/scapula) 우, 쇄골(鎖骨/빗장뼈/clavicle) 좌우, 상
　박골 좌우, 요골 좌우, 척골 좌우, 수골(手骨/손뼈/handbones) 다수, 골반골 및
　천골 파편, 대퇴골 좌우, 슬개골(膝蓋骨/무릎뼈/patella) 좌, 경골 좌우, 비골(腓
　骨/종아리뼈/fibula) 좌우, 족골(足骨/발뼈/foot bones) 다수.

4) 제4호 (기요노 제816호)

　1928년 10월 18일, 유가탄(劉家疃) 동쪽 제6호 패묘에서 발굴.

　: 두개 파편, 하악 파편, 늑골 파편 수 개, 견갑골 좌, 쇄골 우, 상박골 우, 요골 좌,
　척골 우, 수골 다수, 골반골 파편, 대퇴골 좌우, 슬개골 우, 경골 좌우, 비골 좌우,
　족골 다수.

5) 제5호 (기요노 제817호)

　1928년 10월 22일, 여순 용왕묘(龍王廟) 남쪽 강변의 제1호 석묘에서 발굴.

　: 두개 및 하악 파편.

6) 제6호 (기요노 제818호)

　1928년 10월 22일, 여순 용왕묘 남쪽 강변의 제3호 석묘에서 발굴.

　: 상하 유치(乳齒/젖니/decidous tooth) 수 개.

7) 제7호 (기요노 제819호)

　1928년 10월 22일, 여순 관둔자 소학교의 서남쪽, 용왕묘 동남쪽 대지 제3호 옹관
　에서 발굴.

　: 두개골 파편, 하악 파편. 늑골 파편, 수주상골(手舟狀骨/손배뼈/scaphoid
　bone).

8) 제8호 (기요노 제820호)

　1928년 10월 17일, 제3호 패묘에서 발굴.

　: 하악 파편.

9) 제9호 (기요노 제821호)

　1928년 10월 13일, 북쪽 제2구역에서 발굴.(파낸 흙에서 발견)

　: 하악 파편.

보존 상태는 전체적으로 매우 불량하며, 제2호, 제3호, 제4호 인골은 잔존골이 풍부하지만 다른 인

골은 잔존부가 근소하다. 그리고 잔존부의 골질도 매우 취약하여 파쇄되거나 결손된 부분이 많아서 계측 불가능한 경우도 빈번했다. 특히 두개골, 추골, 골반골 등이 그러했다. 때문에 성별 및 연령을 명확히 알 수 있는 것이 없었던 것이 유감이다. 이에 대해 각 인골별로 상세히 기재해 둔다.

제1호 인골. 두개, 골반골 등이 결여되어 성별 및 연령을 추정하기 어렵다. 다만 잔존골의 크기에 의해 성인골로 인정된다.

제2호 인골. 두개 및 골반이 불완전하여 성별 및 연령을 추정하기 어렵다. 다만 잔존골의 크기에 의해 성인골로 인정된다.

제3호 인골. 두개 및 골반이 불완전하여 성별을 결정하지 못했다. 다만 각 골부가 완강한 점으로 보아 남성골로 추정할 수 있을 것 같다. 또 제3 대구치(大臼齒/사랑니/wisdom tooth)의 발생 및 구치(臼齒/어금니/molar)의 교모도(咬耗度)로 보아 장년 이상으로 인정할 수 있을 것이다. 하지만 잔존한 봉합부에 유착이 보이지 않는 점에서 심한 노년은 아닌 듯하다.

제4호 인골. 두개 및 골반이 불완전하여 성별 및 연령을 명백히 추정하기 어렵지만 남아 있는 여러 골부의 성상에 의해 여성골로 인정할 수 있다. 또한 같은 이유로 심한 노년은 아닌 중년 이상의 인골로 인정될 듯하다.

제5호 인골. 두개골이 불완전하고 다른 부분도 결여되어 성별 및 연령을 추정하기 어렵다. 다만 골의 성상이 남성골에 가깝고, 구치 교모도로 보아 장년 이상의 인골로 인정될 수 있다. 그렇지만 제3 대구치가 미발생인 점으로 미루어 그리 고령이라고는 할 수 없다.

제6호 인골. 수 개의 유치가 존재했을 뿐으로, 성별은 불명이지만 소아 인골인 점은 명백하다. 그리고 제1 대구치도 아직 영구치(permanent tooth)로 치환되지 않은 점으로 보아 7세 미만의 유아로 추정된다.

제7호 인골. 앞의 인골과 마찬가지로 유치가 잔존하는 점에서 7세 미만의 유아로 인정된다. 성별은 불명이다.

제8호 인골. 하악 체부(體部)만 잔존해 있다. 성별 미상이지만 제3 대구치의 잔존과 그 교모도에 의해 장년 이상의 인골로 추정할 수 있다.

제9호 인골. 하악만 잔존하며 성별 미상이다. 앞의 인골과 같은 이유로 장년 이상의 인골로 인정된다.

두개골

1. 뇌두개

　뇌두개(腦頭蓋/cerebral cranium)가 존재하는 것은 제2호, 제3호, 제4호, 제5호 및 제7호 인골뿐이지만, 모두 파손이 심하여 완전한 것은 없다. 특히 제7호 인골은 유아 인골에 속하므로 고찰에서 생략한다.

　제2호 인골은 두개골의 전반(前半), 유양부(乳樣部/mastoid portion) 및 고실부(鼓室部/tympanic portion)의 일부가 남아 있다. 현존부를 관찰하건대 골벽이 두껍고 무거우며, 관자놀이(顬顬/temple)의 인상봉합(鱗狀縫合/비늘상봉합/squamous suture)은 거치(鋸齒)가 전체적으로 단소(單疎)하다. 유양돌기(乳樣突起/꼭지돌기/mastoid process)의 크기는 보통이고, 이문(耳門/귓구멍/external acoustic opening)이 파괴되어 형상이 선명하지 않지만 고막유두(鼓乳/tympanic papilla) 파열은 현저하다.

　제3호 인골에 속하는 뇌두개는 후두골(後頭骨/뒤통수뼈/occipital bone)의 기저부와 후두린(後頭鱗/뒤통수뼈비늘/squama)의 대부분, 좌우 두정골(顱頂骨/마루뼈/parietal bone)의 일부, 좌측 섭유골(顳顬骨/관자뼈/temporal bone), 설상골(楔狀骨/나비뼈/sphenoid bone) 대익(大翼)의 좌측 반이다. 중등 크기의 두개골로, 단단하고 중량이 무거우며 골벽은 두텁고 근육부착부의 거침이 강하다. 봉합은 삼각봉합(三角縫合/시옷봉합/lambdoid suture), 후두유양봉합(後頭乳樣縫合/뒤통수꼭지봉합/occipitomastoid suture), 좌측 인상봉합의 일부 및 좌측 설상봉합(楔狀縫合/gomphosis)이 남아 있다. 봉합의 굴곡은 거치가 전체적으로 단소하여 유착이 보이지 않는다.

　후두골의 상엽(上葉)은 약간 풍만하고, 후두면(後頭坦面/뒤통수뼈널판/occipital plane)과 목덜미면(項坦面/planum nuchale)은 거칠다. 외후두 결절은 마르틴표(S.734)의 No.3에 해당하며 가벼운 후두융기(occipital protuberance)가 확인된다. 대후두공(大後頭孔/foramen magnum)의 형태는 일부 파손으로 인해 명확하지 않지만, 대략 마름모형과 같다. 구멍의 둘레는 매끈하며 전연(前緣)에 이상(異狀)은 없다. 관절용기와(髁狀窩/관절용기오목/condylar fossa)는 깊지 않고, 관절용기관(髁狀管/canalis condylaris)은 우측은 불명이지만 좌측은 정상이며 분관(分管)되지 않았다.

　설하신경관(舌下神經管/혀밑신경관/hypoglossal canal)은 중등 크기로 분관되지 않았고, 인두(咽頭/pharynx) 결절은 발육이 강하며, 인두와(咽頭窩/인두주머니/Pharyngeal pouch)는 확인되지 않는다. 후두과(後頭髁/뒤통수뼈관절용기/occipital condyle)는 비교적 높고 중앙이 가볍게 교착되었으며, 시상(矢狀) 궁륭(穹窿)은 강하다.

　섭유골은 중등 크기이고, 이문은 긴 타원형을 이루며 크기는 보통이다. 외이도상극(外聽道上棘/귀길위가시/suprameatal spine)과 외이도상와(外聽道上窩/귀길위오목/suprameatal triangle)는 뚜렷한 편이고, 하악와(下顎窩/턱관절오목/mandibular fossa)는 깊게 타원형을 이루며 중등 크기이다. 앞뒤의 관절 결절이 단단하게 발육했고, 중섭유동맥구(中顬顬動脈溝/중간관자동맥고랑/groove for middle temporal artery)는 선명하지 않은데, 유양상즐(乳樣上櫛/꼭지위능선/supramastoid crest)은 강한 편이고 유양상구(上溝)는 깊지 않다. 유양돌기는 견고하다. 인상봉합은 대략 반월형을 이루고, 관자놀이점(pterion)은 파쇄되어 명확하지 않다.

제4호 인골에는 두정골과 후두골 상엽의 일부가 잔존한다.

본 인골의 골벽은 비교적 두꺼운데 골질은 취약하여 붕괴되기 쉽다. 시상봉합(矢狀縫合/sagittal suture)은 완전한 편이고 삼각봉합은 겨우 좌측의 일부가 남았으며, 봉합의 거치는 전체적으로 단소하여 흔적이 없다. 두정결절(顱頂結節/마루결절/parietal tuber)은 뚜렷하며 좌측에 좁쌀 크기의 두정공(顱頂孔/마루뼈구멍/parietal foramen)이 확인된다. 후두골은 풍만한 편이고 후두면은 매끈하다. 목덜미면은 근육부착부의 거침이 대개 약하다. 외후두결절(뒤통수뼈바깥결절/external occipital tubercle) 및 맨위목덜미선(最上項線/highest nuchal line)은 겨우 후두융기로서 존재하며, 맨위목덜미선도 역시 가까스로 확인될 수 있다.

제5호 인골에는 후두골 및 두정골의 일부, 좌우 섭유골의 암양부(岩樣部/petrous portion), 전두골(前頭骨/이마뼈/frontal bone)의 작은 부분이 잔존한다. 골벽은 현저히 강하여 두텁고 무거우며, 근육부착부의 거침이 강하다. 후두골은 평탄하여 강한 후두융기를 갖추고, 외후두결절이 이에 유합되어 있다. 삼각봉합은 시옷점(lambdoid portion)부터 좌우 각 10㎜가 현존하는데 거치가 전체적으로 단소하다.

두개 기저부에서는 좌측 후두과 부근이 남아 있다. 후두과는 Strecker씨의 제1형에 상당하며 낮고 넓어서 궁륭이 약하다. 관절융기와는 얕고 관절융기관은 정상이며 설하신경관은 분절되었다. 좌측 이문은 타원형에 가까우며, 외이도상극과 외이도상와는 선명하지 않고 고실부는 두텁다. 하악와은 크고 타원형을 보이는데 깊이는 대략 보통이며, 앞관절 결절은 발육이 강하고 뒷결절은 중등 정도이다. 관상봉합(冠狀縫合/coronal suture) 중 Pars Complicata 및 Pars Temporalis는 세밀하게 굴곡되었고, 봉합의 유착이 확인되지 않는다.

제7호 인골은, 좌우 두정골의 후반부, 후두골의 상엽, 섭유골의 암양부가 잔존하지만, 앞에서 말한 이유로 이는 고찰에서 제외한다.

이상 목양성 인골의 뇌두개는 파쇄가 심하여 중요부의 관찰은 거의 불가능하였다. 관찰할 수 있었던 부분에 한해서 그 특징을 기술하면, 각 인골은 전반적으로 골질이 중후하고, 또 제 5호 인골을 제외하면 거의 모두 봉합 거치가 단소한 점을 들 수 있다. 계측은 거의 모두 불가능하여, 다만 제3인골에서 후두골 기저폭 23 및 대후두공 폭 29를 측정할 수 있는데 불과했다. 전자는 대련(大連) 서공원(西公園) 패곽 인골(우 하세베長谷部)의 20 및 금주성(金州城) 밖 소북산(小北山) 고분 인골(ㅅ 기요노, 미야모토宮

本)의 21.5보다 약간 크고, 노철산 서쪽 기슭 조가둔 패곽 인골(하세베)의 24와 큰 차이가 없다. 후자는 대련 서공원 패곽 인골 및 조가둔 인골의 30과 유사하며, 금주 고분 인골의 32.0보다는 약간 작다. 또 Haberer(♂+♀), 고가네이(小金井 ♂30.3), 나카노(中野 ♂+♀29.5), Black(평균 30.0±0.14) 등의 현대 북부 중국인 및 감숙성(甘肅省) 마창(馬廠)과 하북성(河北省) 앙소(仰韶)에서 출토된 이른바 만석 기시대 인골(♂ Black)의 평균치 29.5±0.37, 감숙성 사와(寺窪)와 신점(辛店) 출토의 조기 청동기시대와 동기시대 인골(♂ Black)의 평균치 30.24±0.23, 그리고 고가네이의 대만 재주 중국인(♂30.1)과 모두 큰 차가 없다. 다만 Reicher의 현대 북중국인(♂+♀27.8)에 비해서는 약간 크다.

2. 안면두개

안면두개(顔面頭蓋/얼굴머리뼈/facial skeleton)가 남아 있는 것은 제3호 및 제5호 인골에 불과하며 게다가 매우 불완전한 상태이다. 특히 제5호 인골이 그러하다. 제3호 인골에는 좌우 양측의 권골(顴骨/광대뼈/zygoma), 상악골(上顎骨/위턱뼈/maxilla) 및 구개골(口蓋骨/입천장뼈/palatine bone)이 잔존한다. 각 부분은 파손되어 원형이 완전하지 않다.

권골은 중등 크기로 견고하다. 권골 결절이 강하고 우측 권골에는 후열(後裂)이 보인다. 교근연(咬筋緣)의 거침이 강하다. 구개(口蓋)는 U자 형태를 이루어 넓고 높으며 면은 매끈하다.

상악골은 중등 크기로 앞면에 요철이 많고 견치와(犬齒窩/송곳니오목/canine fossa)가 약간 깊으며 치조(齒槽/alveolar) 돌기의 발육은 중간 정도이다. 치조의 융기는 강하지 않다. 하안과공(下眼窠孔/눈확아래구멍/infraorbital foramen)은 크고 하안과연(下眼窠緣/눈확아래테두리infraorbital rim)이 예리하다.

제5호 인골에는 상악골의 일부만 잔존할 뿐, 파쇄가 매우 심한 탓에 특기할 만한 사항이 없다.

계측 사항으로는 제3호 인골에서 17개소를 얻었을 뿐이다. 그중 중요한 계측 수치 및 시수(示數)를 들면, 우선 안면 중앙폭 96은, 현대 북중국인(Harberer ♂+♀98.5, Reicher ♂+♀98.4, 고가네이 ♂100.3, 나카노 ♂+♀97.3) 및 대만 재주 중국인(고가네이 ♂100.7)보다 약간 작다.

권골의 최대 높이 r.48, l.48은 금주 고분 인골(l.47)에 대략 가깝고, 상악 치조 길이(齒槽長) 50은 같은 인골과 일치하며, Black의 현대 중국인(♂52.5±0.25), 중국의 만석기시대 인골(♂54.6±0.39) 및 청동기시대 인골(♂53.6±0.31)에 비해 작다. 상악 치조 폭 60은 금주 인골 65 및 Black의 전술한 세 인종(♂64.8±0.26, ♂67.6±0.76, ♂66.5±0.48)에 비하여 현저히 작다. 때문에 상악 치조시수 120.0은 금주 인골 130.0에 비해 매우 작고, Black이 보고한 중국의 세 인종(현대 ♂123.33±0.62, 만석기 ♂124.64±1.19, 청동기 ♂124.86±0.84)에 비하여 작다.

구개 길이(口蓋長) 47은 현대 북중국인(Haberer ♂+♀49.0, 고가네이 ♂48.2, 나카노 ♂+♀49.3,

Black 45.2±0.24), 현대 대만 재주 중국인(47.9), 금주 인골(45.0), 조선의 성주(星州)고분 인골(하세베 46), 중국의 만석기시대 인골(Black ♂46.5±0.39) 및 청동기시대 인골(Black ♂46.1±0.27)과 큰 차이가 없으며, 유독 Reicher가 보고한 현대 북중국인(♂+♀42.4)에 비하여 비교적 크다. 또 현대 조선인(고가네이 49~53)은 이에 비하여 큰 것 같다.

구개 폭은 42로 매우 넓어서, 현대 북중국인은 Haberer(♂+♀35.0)을 비롯하여 일반적으로 작다 (Reicher ♂+♀39.1, 고가네이 ♂39.3, 나카노 ♂+♀36.2, Black ♂40.5±0.23). 현대 조선인(고가네이) 는 38~47로 변화가 많고, 금주 고분인은 39.0으로 본 인골보다 작으며, 대만 재주 현대 중국인(38.9) 또한 마찬가지이다. 이에 반하여 조선의 성주고분 인골 제2호(42)는 본 인골과 일치하며, 같은 제6호(43) 및 중국의 만석기시대인(43.8±0.47)과 청동기인(43.6±0.28)은 약간 크다.

구개 장폭(長幅) 시수 89.4는 비교적 커서 Brachystaphylin에 속하며 일반적인 주변 고대 인골의 특성에 근접해 있다. 현대 인골로서는 오직 Reicher 및 Black이 보고한 북중국인(92.2 및 89.29±0.70) 이 이를 능가한다. 고대 인골 중에서 금주고분 인골(86.7)은 약간 작지만, 조선 고분 인골 93.5는 매우 크고, 중국의 만석기시대(♂94.28±1.40) 및 청동기시대인(♂95.20±0.78)은 한층 더 크다. 이에 반해 현대 중국인은 Haberer(75.18), 고가네이(81.8), 나카노(73.83)가 모두 작고, 대만 재주 중국인(81.4) 및 현대 조선인(75.1~81.0) 또한 마찬가지이다.

구개 높이 13은 현대 중국인(Black ♂13.1±0.17), 중국의 만석기시대(♂13.2±0.38) 및 중국 청동 기시대인(♂13.5±0.16)에 비해 큰 차이 없다.

구개 폭고(幅高) 시수(31.0)은 현대 일본인(미야모토 ♂29.8±0.95)보다 약간 높고 현대 중국인 (Bauer 35.0)보다 작지만, Black의 평균치와 비교하면 현대 북중국인 및 고대 중국인과 큰 차이가 없다.

3. 하악골

하악골이 잔존하는 것은 제3호, 제4호, 제5호 및 제7호, 제8호 및 제9호 인골이지만 파손이 심하다. 제5호 및 제7호, 제8호는 계측이 불가능했고, 다른 것은 일부를 계측할 수 있었다. 제3호 및 제9호 하악은 비교적 양호하게 보존되었다. 각 하악의 관찰 사항은 다음과 같다.

제3호 하악은 보존 상태가 비교적 완전하며 중등 크기에 치조돌기의 발육이 강하다. 이부(頤部/턱 끝/mental)의 앞 돌출이 약하고 이공(頤孔/턱끝구멍/mental foramen)의 크기는 대략 보통으로 좌우 모두 제1 대구치의 바로 아래에 위치했다. 사선(斜線)이 강하고, 익상근(翼狀筋/날개근/pterygoid muscle) 조융(粗隆), 교근(咬筋/깨물근/masseter muscle) 조융은 매우 뚜렷하며, 내이극(內頤棘/안 쪽턱끝가시/medial mental spine)은 조융으로 존재한다. 설하선와(舌下腺窩/혀밑샘오목/sublin-gual fossa)는 선명하지만 이복악근와(二腹顎筋窩/두힘살근오목/diagastric fossa) 및 악하선와(顎下

腺窩/턱밑샘오목/submandibular fossa)는 명확하지 않다. 악설골구(顎舌骨溝/턱목뿔근신경고랑/mylohyoid groove)는 양측 모두 현저하다. 하악지(下顎枝/턱뼈가지/ramus of mandible)는 중등 크기이며 하악각(下顎角/아래턱뼈각/angle of mandible)은 크다. 그 뒤의 경사가 강하고, 과상돌기(髁狀突起/관절돌기/condyloid process)의 소두(小頭)는 작고 오훼돌기(烏喙突起/부리돌기/coracoid process) 끝은 뭉툭하고 두꺼우며, 하악절흔(下顎截痕/턱뼈패임/mandibular notch)은 비교적 깊고 넓다.

제4호 인골은 좌우 하악골의 후반부가 망실되고 그 전반부가 남아 있다. 하악체(下顎體/아래턱뼈몸체/mandible body)의 기저는 대략 직선상을 이루고 하악체는 중등 높이로 대개 얇다. 이고(頤高/턱끝융기/mental protuberance)가 높고 이부(頤部)의 발육이 강하며, 이공은 작고 좌우 모두 제2 대구치 바로 아래에 있다. 내이극은 극상(棘狀)으로 분열되었고, 설하선와 및 악하선와는 약간 선명하지만 이복악근와는 비교적 약하며 하악융기(턱끝융기/mental portuberance)를 볼 수 없다.

제5호 하악은 우측의 대부분이 남았다. 체부는 비교적 높고 얇으며, 이공은 제1, 제2 대구치 사이의 바로 아래에 위치하고 크기는 정상이다. 하악융기가 없고 설하선와 및 악하선와를 확인하기 어렵다. 오른쪽 하악지의 대부분이 존재하지만 계측은 불가능했다.

제7호 하악은 작은 파편으로, 병존한 치아가 모두 유치이므로 고찰을 생략한다.

제8호 하악은 겨우 우측 하악체가 잔류할 뿐인데 중등 높이에 약간 두께감이 있다. 치조돌기 및 사선의 발육이 강하고 하악골체의 기저는 둔후하다. 또 주상(舟狀)으로 불룩하게 구부려져 가벼운 각전절흔(角前截痕/모패임/angular notch)을 이룬다. 이공은 중등 크기로, 제2 소구치와 제1 대구치 사이에 위치하고, 내이극은 불명이며, 설하선와는 선명한 편이지만 악하선와의 소재는 명확하지 않다. 하악 융기를 볼 수 없다.

제9호 하악은 거의 완형에 가까우며 크기는 조금 크고 비교적 넓다. 근육부착부의 발육은 중등 정도이며 이부의 돌출은 강하지 않다. 하악융기는 발육이 약하지만 이결절(頤結節/턱끝결절/mental tubercle)은 현저하다. 이고 및 체고(體高)는 보통이고 체후(體厚)는 두껍다. 이공의 크기는 중등으로 양측 모두 제2 소구치와 제1 대구치 사이에 위치한다. 하악 기저는 둔후하고 각전절흔을 볼 수 없다. 사선은 현저하며 치조돌기는 발육이 강하고, 이극(頤棘/턱끝가시/mental spine)은 극상으로 존재한다. 이복악근와는 뚜렷한데 설하선와는 확인할 수 있지만 악하선와는 명확하지 않다. 하악지의 크기는 보통이고 경사가 약간 강하며 과상돌기는 작고 하악절흔은 비교적 깊다. 치궁(齒弓/치열궁/dental arch)은 넓고 포물선 형태를 이룬다.

이상 목양성 인골의 하악을 통람하건대, 일반적으로 둔후하여 근육부착부의 발육이 강하고 치조돌기가 비교적 강한 감이 있다. 동시에 이부의 발달도 현저하지 않은 점이 있다. 하악지의 후경(後傾)이 강하고 하악절흔은 비교적 얕다. 계측 사항 중 특기할 만한 것을 들어 주변 민족과 비교하자면 다음과 같다.

하악 길이(제3호 78)은 현대 중국인(Martin 102)에 비교하여 현저히 작고, 과상돌기 간격(제3호 124)는 Black의 현대 북중국인(♂120±0.4)나 중국의 만석기시대인(♂119.8±0.92) 및 청동기시대인(♂121.2±0.66)의 평균치에 비하여 약간 크지만, Haberer의 현대 중국인(♂112-131)의 변화 범위 내에 있다. 하악 장폭 시수(제3호 62.9)는 현대 중국인(Martin 98.5)에 비교하여 매우 작아서 본 하악이 현저히 짧고 넓은 점을 알 수 있다.

하악지 폭(제3호 r.l. 제8호 l. 모두 36)은 대련 패곽고분 인골(31) 및 현대 일본인(미야모토 ♂33.6±0.34)에 비하여 크고, 최소 하악지 폭(상동 35)는 Haberer의 현대 중국인의 변화 범위 내에 있지만 성주고분 인골의 39에 비하면 현저히 작다. 하악지 높이(제3호 l.60)은 현대 일본인(미야모토 ♂60.9±0.63)에 비하여 큰 차이가 없지만 성주고분 인골(54.2), 대련 패곽고분 인골(50.0) 및 현대 중국인(Martin 50.4)보다는 현저히 크다. 즉 본 인골의 하악지 폭이 약간 넓은 점을 보여준다.

하악절흔 시수(제3호 r,l.37.8)은 현대 일본인(미야모토 ♂r.41.0±0.78, l.40.6±0.81)에 비하여 작다. 즉 하악절흔은 현대 일본인보다 비교적 얕다.

하악체 고후(高厚) 시수(제3호 r.36.4, l.37.5, 제4호 r.37.9, l.39.3)은 현대 프랑스인(Boul 40.8)에 비교하여 작지만, 제8호(r.51.6, l.53.3)은 매우 커서 유럽의 구석기시대인에 가깝다.

하악지 각은 계측 불능이었고, 하악 기저각(제8호 l.128)은 비교 자료가 결여되어 있다.

4. 치아

치아는 제3호 이하 제9호까지의 인골에 존재했지만 탈락이 많다.

제3호 인골에서는 하악의 치아가 완전히 이탈되어 망실되었고, 상악은 좌우 외문치(外門齒/바깥앞니/lateral incisor), 견치(犬齒/송곳니/canine teeth), 제1, 제2 소구치, 우측 제1, 좌측 제2 대구치가 잔존한다. 좌측 제2 대구치는 가장자리에 뚜렷한 우식이 있다. 제3 대구치는 완전 발생이지만 탈락되었다. 하악골 우측은 치조가 폐쇄되었고, 치아의 크기는 보통으로 매끈하여 담흑색을 띠고, 카라벨리 결절(carabelli's tubercle), 법랑진주(琺瑯滴/enamel pearl), 기타 인위적인 가공 흔적은 볼 수 없다.

제4호 인골 하악 치아는 좌우 양측 모두 제1, 제2 문치(門齒/앞니/incisor), 견치, 제1 소구치 및 좌측 제1, 제2, 제3 대구치가 잔존한다. 이들 치아는 중등 크기로 황백색을 띠며 치열은 정연하게 포물선상을 이룬다. 교면(咬面)은 수평이고 좌측 제2 대구치에 일부 우식이 확인된다. 양측 모두 제3 대구치가 발생하였는데 좌측은 현존하지만 우측은 이미 탈락되었고, 치조는 거의 유합되었다. 치아의 교모도는 제2도 정도이다.

제5호 인골의 치아는 상악에서는 좌측 제1 소구치, 제2 대구치, 우측 제1, 제2 대구치가 존재했으며, 제3 대구치는 좌측은 반잠복치이고 우측은 미발생이다. 하악골은 우측 제1 소구치를 지니지만 제2

소구치, 제2 대구치는 탈락되어 공조(空槽)로 존재했다. 치아는 황백색으로, 교모가 매우 진척되어 Martin 표(S.197) 치아 교모도의 No.3~4에 해당한다.

제6호 인골의 치아는 상하 수 개의 유치가 잔존했을 뿐이다.

제7호 인골의 치아 수 개도 모두 유치이다.

제8호 인골은 하악 제3 대구치와 제2 소구치가 잔존했다. 교모도는 Martin의 No.3~4에 해당한다. 제3 대구치에는 현저한 우식이 인정된다.

제9호 인골의 하악 치아는 중등 크기에 황백색을 띠고, 대구치의 교모는 모두 No.1~2에 상당한다. 교두수(咬頭數)는 $\frac{-|-}{454|4-4}$로서 충치는 없지만 법랑진주가 박리된 것이 있다. 본 인골의 현존 치아는 양측 모두 제1, 제2, 제3 대구치 및 제2 소구치와 우측 제1 소구치로, 문치와 견치는 탈락되었고 좌측의 문치 및 견치의 치조는 파손되었다. 발치 등 인공적 가공의 흔적은 보이지 않았으며 카라벨리 결절이나 인위적 가공 등도 없다.

치아 각각의 계측은 생략하지만, 제3호 인골의 상악 치궁 길이(61), 제8호 인골의 하악 치궁 길이(48), 하악 치궁 폭(69), 하악 치궁 구치 길이[臼齒長](34) 및 하악 치궁 시수(143.8)을 알 수 있었을 뿐이다. 이를 주위 민족과 비교하면 하악 치궁 시수가 현대 일본인(미야모토 ♂129.0±1.57)이나 중국인(오가타尾形 131.1)보다 커서 치궁 폭이 비교적 큰 것을 알 수 있다. 치열 길이와 폭에 대해서는 계측이 불가능했다.

이상 목양성 유적에서 발굴된 인골 두개의 특징을 개략하면 다음과 같다.

뇌두개는 골벽이 중후하고 그 대다수에 있어서 봉합 거치가 단소한 점을 들 수 있다. 계측 수치가 부족하여 다른 인종과 비교는 거의 불가능하다.

안면두개는 권골 결절이 강하고, 우측에 후열이 인정되는 사례가 한 건 있었다. 상악 치조 폭은 작고 구개 폭은 비교적 크다. 이 점에 있어서 본 인골은 현대의 주위 민족보다 오히려 중국과 조선의 고대 인골에 가깝다. 구개 높이는 현대 주위 민족과 큰 차이가 없다.

하악골은 둔중한 감이 있으며, 전반적으로 근육부착부의 발육이 강하고 치조돌기의 발육도 비교적 뚜렷하다. 동시에 이부의 앞 돌출도 현저하지 않은 점이 있다. 하악지의 후경(後傾)이 비교적 강하다. 계측 수치로 고찰할 때 하악은 현저히 짧고 넓으며, 하악지는 약간 넓고, 하악절흔은 비교적 깊지만 현대 일본인의 평균보다는 얕다. 하악 체후는 한 건은 작지만 한 건은 현저히 커서 원시인에 가깝다.

치아는 일반적으로 황백색이고 비교적 충치가 많고 교모가 전체적으로 현저했다. 치궁 폭은 현대의 주위 민족에 비하여 비교적 크다. 그 외의 이상은 보이지 않았다.

요약하자면, 두개의 특징상으로는 주변 민족과 뚜렷한 차이를 들 수 없지만 현대인 중에서는 중국인에 비교적 가까우며, 두세 가지 특징에 있어서 오히려 현대 중국인보다는 고대 중국인에 가까운 점을 들 수 있다.

상지골(上肢骨)

1. 쇄골

쇄골은 제3호, 제4호에 잔존하지만 보존 상태 불량으로 모두 흉골 끝 및 견봉(肩峰/위팔뼈머리/ac-romion) 끝이 망실되었다.

· 중앙 횡단 시수 (No.Ⅲ [r.71.4, l.75.0]/ No.Ⅳ [r.66.7, l.___])

해당 시수에 비자와인의 r.66.7, 시이노(推野)와 나카야마(中山)의 중국인 81.4, 미야모토의 현대 일본인 86.7, 고가네이의 아이누인 71.4가 있다. 이들과 대비하면 본 인골 제3호는 비자와인보다 크고, 제4호는 비자와인과 같은 수치이지만 둘 다 그 외의 것보다는 작다.

쇄골은 대개 섬세하고 만곡이 약하며 상하로 편평하다. 또 근육부착부의 거침이 강한데, 그중 늑골 조융(粗隆), 오훼(烏喙) 조융에 심하다. 좌측에 비해 우측이 크다. 시이노와 나카야마에 의하면, 중국인의 쇄골은 대개 좌우 차이가 현저하고 좌측이 크다고 한다. 각 쇄골에서 중앙부로 생각되는 부분의 횡단면을 제시하면 제3호는 그림 1의 A, 제4호는 B와 같다. 중국인의 쇄골은 일반적으로 만곡이 약한데, 이를 강·중·약의 3종류로 구별하면 사관둔인(沙鍋屯人)은 강 12.6%, 중 48.6%, 약 38.6%, 앙소촌인(仰韶村人)은 강 0.0%, 중 37.5%, 약 62.5%, 현대 북중국인은 강 11.9%, 중 41.9%, 약 39.1%이다.

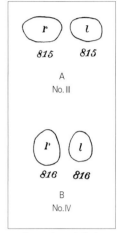

그림 1. 쇄골 횡단면

2. 견갑골

견갑골은 제3호, 제4호, 제5호에 존재한다. 보존 상태가 매우 불량하여 겨우 관절와(關節窩/관절오목/articular fove) 부근의 두터운 부분이 남아 있다. 때문에 계측 사항과 특기 사항으로 나열할 만한 것이 없으므로 다만 관절와 장폭 시수와 관절와 현고(弦高) 시수에 대해 상술한다.

· 관절와 장폭 시수 (No.Ⅲ r.66.7/ No.Ⅴ l.67.7)

Haberer의 중국인 관절와 장폭 시수는 ♂[r.58.8, l.65.6]으로, 우리의 제3호 및 제5호는 이에 비해 크다. 또 본 인골의 해당 시수를 Martin 표(S.979)의 다른 인종과 비교하면 Senoi ♂66.9, ♀61.6의 남성에 근사하고, Nordamerikanische-Indianer ♂73.1, ♀71.4보다 훨씬 작다.

· 관절와 현고 시수 (No.Ⅲ r.12.8/ No.Ⅳ r.12.1/ No.Ⅴ l.14.7)

해당 시수에 현대 일본인의 ♂[r.12.6, l.11.4], ♀[r.11.2, l.11.4], ♂+♀[r.12.0, l.11.4]가 있다. 이에 비교하면 제3호는 약간 크고, 제4호는 큰 차이가 없으며, 제5호는 훨씬 크다. 눈대중에 의하면 이들 인골의 견갑골은 전체적으로 크고, 관절와는 서양배 형태로 크고 얕으며, 견갑골절흔이 현저하여 하세베가 창도한 관절와 견봉돌기의 거리는 큰 것 같다.

3. 상박골

제2호의 상박골(上膊骨/위팔뼈/humerus)는 우측만 잔존하며, 대결절(大結節/greater tubercle) 및 골두(骨頭)의 외측이 파괴되었고, 또 골간(骨幹/뼈몸통/diaphysis) 중앙부, 원측(遠側) 골단(骨端)의 소두(小頭)가 망실되었다. 제3호는 좌우 양측이 남아 있지만, 우측은 외과경(外科頸/외과목/surgical neck) 상부의 골두가 붕괴되었고, 좌측은 대결절 및 골두의 외측 반이 망실되었다. 제4호는 우측뿐으로, 대소 결절 및 골두의 내외측이 붕괴되었고 원측 골단에서는 내외측 상과(上髁/위관절융기/epicondylus)가 망실되었다.

· 최대 길이 (No.Ⅱ r.298 /No.Ⅲ l.323/ No.Ⅳ r.307)

최대 길이에 비자와인의 No.Ⅰ 302, 미야케(三宅)의 현대 중국인 ♂[r.289, l.286], 고가네이의 조선인 2건 292, 262가 있다. Black에 의하면 사과둔인은 ♂[r.309.3, l.277.0], 앙소촌인은 ♂337.7, 우 284.1, ♂+♀305.6, 현대 북중국인은 ♂311.2, ♀283.1, ♂+♀306.9로, 해당 인골 제2호와 제4호는 이들 중국인에 약간 가깝고 제3호 인골은 현저하게 크다.

· 골간 최소 지름 (No.Ⅱ r.59 /No.Ⅲ [r.62, l.61]/ No.Ⅳ r.58)

비자와인의 골간 최소 지름은 ♂[r.72, l.74], 현대 중국인은 ♂[r.64.6, l.64.0], 성주고분 인골은 l.65로, 우리의 인골들은 이들에 비하여 매우 작다.

· 장후(長厚) 시수 (No.Ⅲ l.18.9/ No.Ⅳ r.18.9)

우리 인골의 장후 시수는 모두 비자와인의 ♂l.24.5에 비하여 현저히 작다. 그리고 Martin 표 (S.983)의 최저 시수인 Massai, Jaunde의 ♂18.2, ♂16.3과 Schwaben und Alamannen ♂19.3, ♀ 17.8의 중간에 위치한다. 그리고 Asiaten im Allgemeinen ♂21.3, ♀21.8, Rezente Chinesen ♂ 20.3으로, 우리의 인골들은 이들 최저 시수와 대략 일치하므로 골체가 그리 강하다고는 할 수 없다.

· 최대 상과(上髁) 폭 (No.Ⅲ [r.60.0, l.61.0])

최대 상과 폭에 비자와인의 l.64, 사과둔인의 [r.56.7, l.58.0, r+l.57.3], 앙소촌인의 ♂[r.61.2, l.61.2], 우[r.55.5, l.55.0], ♂+우[r.58.3, l.57.2], 현대 중국인의 ♂[r.60.2, l.60.2], 우[r.50.3, l.51.2], ♂+우[r.58.9, l.58.6] 및 미야케의 중국인 ♂58.4, 고가네이의 조선인 2건 55와 50이 있다. 해당 인골은 앙소촌인과 유사하고, 그 나머지 인종보다는 크다.

· 골간 횡단 시수 (No.Ⅲ [r.81.0, l.80.0]/ No.Ⅳ r.72.7)

해당 시수에 비자와인의 [r.71.4, l.85.4], Black의 사과둔인 [r.71.7, l.74.8, r+l.73.3], 앙소촌인 ♂[r.75.4, l.77.4], 우[r.70.7, l.70.8], ♂+우[r.72.8, l.73.6], 현대 중국인의 ♂[r.75.7, l.78.5], 우[r.68.5, l.72.4], ♂+우[r.72.8, l.73.6] 및 미야케의 ♂[r.78.5, l.77.2], Haberer의 ♂[r.75.3±0.30, l.75.9±0.30], 고가네이의 조선인 2건 75.0과 66.7, 성주고분 인골 l.66.7이 있다. 우리의 제3호 인골은 이들에 비해 매우 크다. 다만 비자와인의 좌측은 본 인골보다 크다. 이에 비해 제4호 인골은 작다.

· 과체각(髁體角) (No.Ⅱ r.80°/ No.Ⅲ [r.85°, l.82°])

비자와인의 과체각은 l.82°이고, 미야케의 현대 중국인은 ♂[r.82°, l.81.9°], Haberer ♂[r.81°±0.15, l.82.9°±0.16]이므로 우리의 수치와 큰 차이가 없다.

· 염전각(捻轉角/비틀림각/angle of torssion) (No.Ⅲ l.149°)

미야케에 의하면 현대 중국인의 염전각은 [r.149.7°, l.149.2°]로 해당 제3호 인골은 이와 대략 일치한다. Martin, Retzius, Rambert 등의 연구에 의하면 염전각은 인종적 차이가 현저하며 원시인의 상박골은 대개 염전이 약하다고 한다. 우리의 제3호는 Martin 표(S.989)의 Japaner 149.5°, Welda 149.7°, Calchaqui 148.2°에 가까워서 대략 표의 중간에 위치한다.

해당 상박골의 특징을 개괄하자면 다음과 같다.

상박골은 비교적 장대하며 똑바로 뻗어 염전이 약한 편이고, 삼각근(三角筋/deltoid muscle)과 대흉근(大胸筋/큰가슴근/pectoralis major muscle)의 철기(凸起) 및 대원근(大圓筋/큰원형근/teres major muscle)과 활배근(濶背筋/넓은등근/latissimus dorsi muscle)의 부착부인 소결절즐(小結節櫛/crest of lesser tubercle)의 거침이 상당히 강하다. 영양공(榮養孔/nutrient foramen)은 전면에 있어 내측연(內側緣)에 가

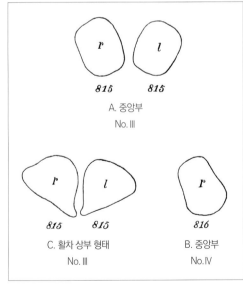

그림 2. 상박골 횡단면

깊고 결절간구(結節間溝/결절사이고랑/intertuberclar)는 약간 넓고 얕다. 골두는 크고 세로로 긴 타원형을 이루며, 두면(頭面)은 안쪽 윗방향으로 기울었다. 골체 중앙 횡단 형태는 둥근 사변형을 이루어 Lehmann-Nitsche의 이른바 Platybrachie에 속한다. 또 척골의 신경구(神經溝)는 중앙이 크고 내상과(內上髁/medial epicondyle)와 외상과(外上髁/lateral epicondyle) 모두 크다. 오훼와(烏喙窩/오훼견봉궁/coraco-acromial arch)와 요골와(撓骨窩/노뼈오목/radial fossa)는 얕고 편평하며 주두와(鷲嘴窩/팔꿈치오목/olecrani fossa)는 깊고 크다. 활차 상공(滑車上孔/도르래구멍/trochlear foramen)은 제2호 인골은 우측에, 제3호 인골은 좌측에 가로로 긴 타원형의 천공이 보인다. 상박골의 중앙 횡단면 형태는 제3호 인골은 그림 2의 A, 제4호 인골은 B와 같고, 제3호 인골 활차(도르래/trochlear) 상부의 형태는 C와 같다.

4. 요골

요골(撓骨)은 제2호, 제3호, 제4호 인골에 존재하는데, 보존 상태가 상당히 불량하여 겨우 쇄편이 잔존할 뿐이다.

· 골간 횡단 시수 (No.IV 68.8)

비자와인의 해당 시수는 No.I 72.2, No.II 72.2, 현대 중국인은 [r.77.4, l.79.4], 조선인은 76.9 및 71.4로, 해당 인골은 이들에 비해 작다. 따라서 골체가 약간 편평하다. Martin에 의하면 Altpatagonier 63.0, Altperuaner 71.0, Paltacalo-Indianer 73.0, Europäer 74.0으로, 해당 인골은 작은 부류에 속한다.

요골의 특질을 기술하면 다음과 같다.

요골은 장대하고 편평하며 소두(小頭)는 크고 가벼운 타원형을 이루었다. 경부(頸部)는 좌우로 편평하여 좁고 길며 굴곡이 강한 편이고, 소두는 바깥쪽으로 경사되었으며 요골결절(노뼈결절/tubercle of radius)은 약간 바깥으로 틀어졌다. 골간(骨間) 최소 지름은 그 바로 아래에 있다. 요골의 배측면(背側面/뒤면/facies dorsalis)은 평탄한 편이고 장측면(掌側面/손바닥면/facies volaris)은 가볍게 함몰되었으며 외측면은 강하게 팽륭되어 있다. 골간즐(骨間櫛/뼈사이모서리/interosseous border)은 꽤 예리하고 배측연(背側緣/뒤모서리/posterior border)은 둔하며, 영양공은 장측면 골간즐에 가깝게, 골간(骨幹) 위 3분의 1에 존재한다. 횡단면 형태는 그림 3과 같다.

그림 3.
요골중앙
횡단면

5. 척골

척골(尺骨)은 제2호, 제3호, 제4호 인골에 있으며, 모두 파손이 심하다.

· **지름 (No.Ⅲ l.34)**
비자와인의 척골 지름은 No.Ⅰ 38이고 Haberer의 현대 중국인은 ♂[r.37.1, l.36.3]이다. 해당 인골은 이들에 비해 약간 크다.

· **오훼돌기 상관절면(上關節面) 폭 시수 (No.Ⅱ r.83.3/ No.Ⅲ [r.75.0, l.75.0]/ No.Ⅳ r.76.9])**
해당 시수에는 비자와인의 No.Ⅰ 64.3, No.Ⅱ 75.0, 현대 중국인의 ♂[r.64.8±0.54, l.65.3±0.55] 가 있다. 우리의 제2호, 제3호, 제4호 인골 모두 이들 인종보다 크다. 다만 비자와인 제2호는 본 인골 제3호와 필적한다. 즉 본 인골의 요골측 관절면은 척골측 관절면보다 넓고 원시적 징후가 강하다.

· **오훼돌기 상요측(上橈側) 관절면 시수 (No.Ⅱ r.53.9/ No.Ⅲ [r.60.0, l.60.0]/ No.Ⅳ r.53.9)**
비자와인의 해당 시수는 No.Ⅰ 25.0, No.Ⅱ 40.0, 현대 중국인은 ♂[r.67.4, l.64.9]로, 본 인골 제2호, 제3호, 제4호 모두 비자와인보다 훨씬 크고 현대 중국인보다는 작다.

· **오훼돌기 폭후심(幅後深) 시수 (No.Ⅱ r.136.0)**
해당 시수는 비자와인은 No.Ⅰ 169.6, No.Ⅱ 148.1로 모두 매우 크고, 현대 일본인은 ♂[r.134.3, l.136.3], 우[r.133.7, l.131.7], ♂+우[r.134.1, l.134.5], 일본 석기시대 쓰쿠모인(津雲人)은 ♂[r.125.1, l.128.9], 우[r.134.2, l.131.2], ♂+우[r.129.2, l.130.0]이다. 본 인골 제2호는 이들에 비교하면 쓰쿠모인보다 크고 비자와인보다는 작아서 현대 일본인에 근사하다. 그리고 유인원은 152~136이고 원류(猿類)는 257~136이다. 하등 인류 및 원류의 오훼돌기는 비교적 좁고 깊지만 본 인골 제2호는 약간 넓고 얕다.

· **상부 횡단 시수 (No.Ⅱ 80.8)**
비자와인의 해당 시수는 No.Ⅰ 77.3, No.Ⅱ 80.0으로 우리의 인골 제2호보다 약간 크다. 본 제2호 인골은 Martin 표(S.100)의 대략 중간에 있다.

해당 척골의 특징을 개괄하면 다음과 같다.

척골은 장대하고 단단하다. 골간(骨幹)의 만곡은 비교적 약하고 똑바로 뻗어 있으며 골간즐(骨間櫛)의 발육이 강하다. 그중 제3호 인골의 척골은 또한 곧게 뻗었다. 주두(鷹嘴/팔꿈치머리/olecranon)는 제3호는 넓고 크고, 제2호, 제4호는 가늘고 길다. 주두 돌기(鷹嘴頂/팔꿈치머리돌기/olecranon process)는 각 호 모두 약간 높아서 원시적 징후를 띤다. 반월상(半月狀/meniscus) 절흔은 함몰이 강하고, 오훼돌기는 모두 비교적 넓고 짧으며, 요골측 관절면이 척골측 관절면에 비해 매우 넓어서 원시적 징후가 현저하지만, 같은 관절면 전연(前緣)은 비교적 넓어서 원시성과는 멀다. 요골절흔은 둔각의 마름 모형에 크기는 보통, 근육부착부의 거침이 강하고 특히 회후근즐(廻後筋櫛)은 현저하여 골간즐로 이행한다. 회전근절(廻前筋櫛)도 매우 뚜렷하다. 척골 조융은 강대하여 계란모양을 이루고 면이 거칠다. 배측면은 튀어나오고 즐(櫛/융기/crest)의 형상이 강하며 장측면은 가볍게 파였다. 골간즐은 현저하여 배측연(背側緣)도 또한 예리하다. 장측연(掌側緣)은 둔후하고 내측면은 함몰이 약하며, 영양공은 제3호에 좌우 각 1개가 있는데 골간(骨幹) 중앙에서 약간 하부에 위치하며, 골간즐과 장측연의 중간에 위치한다.

6. 완골

완골(腕骨/손목뼈/carpus)은 보존 상태가 불량하여 제3호 인골에만 존재한다. 좌우 양측 모두 주상골, 월상골(月狀骨/반달뼈/lunate bone), 두상골(頭狀骨/콩알뼈/pisiform bone), 대소 능형골(多稜骨/큰마름뼈 trapezium bone/작은마름뼈 trapezoid bone)이 남아 있고, 또 우측에는 유구골(有鉤骨/갈고리뼈/unciform bone)이 남아 있다.

주상골 중앙부는 협착이 그다지 강하지 않아 요골쪽 관절면은 비교적 짧고 넓다. 볼록함이 중등 정도로 강하고, 두상골쪽 관절면은 오목함이 덜하다. 두상골쪽 관절면과 소능형골쪽 관절면의 모서리는 비교적 예리하고 주상골결절이 약하다.

월상골은 약간 작아서 짧고 두꺼우며, 요골쪽 관절면은 볼록함이 강하고 유구골쪽 관절면은 뚜렷하지 않다.

대능형골은 원근 양측에서 비교적 얇고, 배측면의 골기(骨起/뼈돌기/bone apophysis)가 현저하지 않다. 제1 장골(掌骨/손허리뼈/metacarpal bone)쪽 관절면이 작고, 또 배측으로 강하게 만곡되어, 제2 장골쪽 관절면이 있다.

소능형골은 배측면의 가까운 측 끝에 횡구(橫溝)가 없고, 대능형골쪽 및 주상골쪽 관절면 사이의 골릉(骨稜)이 둔하다.

두상골의 월상골쪽 관절면은 비교적 편평한데, 만곡이 강하여 배면의 함몰이 특히 심하고, 제3 장골쪽 기저의 경상돌기(莖狀突起/붓돌기/styloid process)에 대한 배측연은 튀어나옴이 강하다.

7. 장골 및 수지골

장골(掌骨) 및 수지골(手指骨/손가락뼈/phalange)의 보존 상태 역시 불량하여 제3호, 제4호 인골에 잔존할 뿐이다.

　제3호 인골은 우측의 제2, 제3 장골 및 제1 손가락의 기절(基節), 좌측의 제2, 제3, 제4, 제5 장골(단 소두는 결손), 제1, 제2, 제3 손가락의 기절이 남아 있다. 그 외 붕괴된 수지골의 단편 몇 개가 있다.

　제4호 인골은 우측의 제1, 제2, 제3, 제4, 제5 장골, 제2, 제3, 제4 손가락의 기절(단 소두 결손) 및 제1 손가락의 말절(末節)이 있다.

　해당 장골 및 수지골의 특징을 기록하면 다음과 같다.

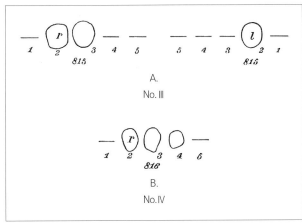

그림 4. 수지골 횡단면

　장골은 비교적 길고 두꺼우며 횡단면이 원형에 가깝다. 수지골 기절이 두껍고 기저는 특히 크며, 장측면 모서리의 골릉이 거의 결손되었다. 활차도 크고 불룩하여 그 경계가 명료하다. 장골의 대략 중앙부로 생각되는 부분의 중앙 횡단면의 형태는 그림 4의 A, B와 같다.

구간골(軀幹骨/몸통뼈/axial skeleton)

1. 척추골

　제2호에 수 개의 흉추(胸椎/등뼈/thoracic vertebra)와 1개의 요추(腰椎/허리뼈/lumbal verte-bra), 3호에 흉골 단편과 환추(載域/첫번째목뼈/atlas) 및 4개의 경추(頸椎/목뼈/cervical vertebra), 12개의 흉추, 5개의 요추가 현존한다. 그렇지만 모두 보존 상태 불량으로 쇄파가 심하여 완비된 것이 극히 드물다.

　환추는 비교적 완전하여 강하고 두텁다. 상관절면은 가늘고 길며 오목함이 강하다. 전결절은 강하게 발육하였고 후결절은 반대로 약하다. 추골동맥구(椎骨動脈溝/척추동맥고랑/vertebral arterial fo-ramen)은 뚜렷하지만 외측 횡돌기공(載域孔/가로돌기구멍/transverse foramen)은 형성되지 않았다. 전체적으로 경추, 흉추, 요추 모두 추체(椎體/척추뼈몸통/centrum,vertebra body)는 높고 단단한 편인데, 흉추 하반부에서 요추에 걸쳐 특히 높다.

　경추는 형태가 대략 보통이다. 흉추는 추체가 매우 커서 비교적 넓고, 높이는 보통, 윗면은 콩팥 모양을 이룬다. 추공(椎孔/척추뼈구멍/vertebal foramen)은 크고 추궁(椎弓/척추뼈고리/vertebral arch)과 추궁근(椎弓根/척추뼈고리뿌리/pedicle of vertebral arch)가 두텁다. 상관절면 돌기는 높고 상관절면과 하관절면은 편평하다. 하관절돌기는 높고 늑골와(갈비뼈오목/costal facet)는 뚜렷하다. 횡돌기(가로돌기/transverse process)와 극상돌기(가시돌기/spinous process)는 붕괴된 탓에 정확하지 않지만 잔존한 것으로 보건대 단단하다. 횡돌기는 대개 짧고 두꺼우며, 극상돌기는 약간 길고 경사가 강하며, 분기(分岐) 상태는 불명이다.

요추는 추체가 광대하며 높이는 보통이다. 추궁이 크고, 하추골절흔(아래척추뼈패임/inferior vertebral notch)의 함입 및 상관절돌기의 돌출은 보통이며, 상관절면은 가볍게 함몰되었다.

2. 흉골

흉골은 제3호에 남아 있지만, 쇄파되어 겨우 양측 제5 늑골절흔 이하의 일부분이 잔존하는 데 불과하다. 따라서 그 전모를 알아내기 어렵다.

3. 늑골 (No.Ⅱ, No.Ⅲ, No.Ⅳ)

늑골도 모두 보존 상태가 매우 나빠서 완전한 것이 없다. 따라서 계측 사항과 특기 사항으로 특필할 만한 것이 없지만, 현존부에 한에 대략적 소견을 기술하고자 한다.

1) 제2호 늑골
본 늑골은 겨우 몇 개의 파편이 잔존할 뿐이다. 늑골체(肋骨體/갈비뼈몸통/body of rib)는 비교적 크고 둥글며, 늑골구(肋骨溝/갈비뼈홈/costal sulcus)가 뚜렷하고 늑골결절의 발육이 강하다. 제6 또는 제7 늑골로 생각되는 파편의 하나를 취하여 그 횡단면을 만들어본 것이 그림 5의 A이다.

2) 제3호 늑골
본 늑골은 우측 제1, 좌측 제2 늑골 이하 각 파편이 다수 잔존하지만 완전한 것은 겨우 좌측 제12 늑골뿐이다. 전체적으로 넓고 편평하며 늑골구가 깊고 두

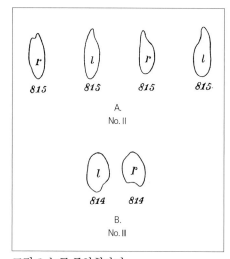

그림 5. 늑골 중앙횡단면

께는 보통이다. 늑골각(肋骨角/갈비뼈각/rib angle) 부위의 굴곡 및 염전이 강한 편이고, 늑골결절, 늑골경(肋骨頸/갈비뼈목/neck of rib)의 발육도 역시 강하다. 우측 제1 늑골의 쇄골하동맥구(subclavian sulcus)와 정맥구(sulcus venae subclaviae)가 뚜렷한 편이며, 전사각근(前斜角筋/앞사각근육/anterior scalene muscle) 결절의 거침이 강하다. 횡단면은 그림 5의 B와 같다.

3) 제4호 늑골

본 늑골은 쇄파되어 겨우 파편으로 존재한다, 대개 얇고 늑골구가 깊으며 편평하다.

골반

1. 관골(臗骨)

골반(骨盤/pelvis)은 제2호, 제3호, 제4호 인골에 잔존하지만 쇄파되어 복원할 수 있는 것이 없었다. 따라서 계측 사항 및 특기 사항을 상술할 수 없지만 현존부에 의거하여 약간의 소견을 기술한다.

1) 제2호 골반

관골(臗骨/엉덩뼈/ilium)은 심하게 쇄파되어 양측 모두 겨우 비구(脾臼/볼기뼈관절/acetabulum) 주위의 골질(骨質) 및 장골익(腸骨翼/엉덩뼈날개/iliac wing)의 일부가 현존하는 데 불과하다. 눈대중으로 감안하건대 관골의 크기는 보통으로, 장골익은 비교적 넓고 장골와(엉덩뼈오목/iliac fossa)가 약간 깊다. 관절방구(關節傍溝/paraglenoid sulcus)는 뚜렷하지만 호선(弧線/활꼴선/arcuate line)을 넘지 않는다. 비구 역시 보통 크기로 대략 원형을 이루며 반월상면(半月狀面/반달모양면/menicus facet)이 비교적 크다. 대좌골(大坐骨/큰궁둥뼈/great ischium) 절흔은 넓고 얕으며, 양측 모두 외측면에서 하둔선(下臀線/아래엉덩이근육선/inferior gluteal line)이 선명하지만 전둔선(前臀線/앞엉덩이근육선/anterior gluteal line)과 후둔선(後臀線/뒤엉덩이근육선/posterior gluteal line)은 망실되어 불명이다.

2) 제3호 골반

관골은 양측 모두 장골익의 위모서리, 좌골(坐骨/궁둥뼈/ischium)의 상하지(上下枝), 치골(恥骨/두덩뼈/pubis) 하지가 결여되어 있다. 전체적으로 강하고 두꺼우며 커서 장골와가 깊고, 관절방구는 뚜렷하여 조금 호선을 넘고, 좌골 결절도 또한 단단하다. 비구는 크고 깊게 긴 타원형을 이루며 반월상면이 넓다. 대좌골절흔은 중등 크기로 깊고, 외측면에서 전둔선과 하둔선이 선명하지만 후둔선은 붕괴된 탓에 판명하지 못했다.

3) 제4호 골반

관골 크기는 보통이며 대좌골절흔은 넓고 얕다. 비구는 중등 크기로 깊고 타원형을 이루며 반월상면이 좁다. 관절방구는 뚜렷하지만 호선을 넘지 않는다. 전둔선, 하둔선, 후둔선은 파손되어 망실된 탓에 불명이다.

· 비구 최대 지름 (No.II [r.50, l.50], No.III [r.60, l.60], No.IV 1.52)

비구 최대 지름에 비자와인의 No.I [r.59, l.62], No.II 1.62, 유씨(劉氏)의 현대 중국인 54.6이 있다. 이들과 비교하면 우리의 제2호 및 제4호는 제일 작고, 제3호는 비교적 커서 비자와인과 일치하며 유씨의 현대 중국인을 능가한다.

2. 천골

천골(薦骨)은 제2호, 제3호 인골에 잔존하지만 보존 상태가 불량하여 양쪽 다 제1 천골의 추체부(椎體部)가 현존하는 데 불과하다. 따라서 계측이 불가능하여 전모를 알 수 없다.

제2호 천골은 기저부가 붕괴되었고, 제3호 천골은 완전한 편으로 천골갑(薦骨岬/엉치뼈곶/sacral promontory)의 돌출이 비교적 약하다.

· 갑각(岬角) (No.III 63°)

갑각은 비자와인은 No.I 60°, 사과둔인은 62.8°, 앙소촌인은 ♂61.6°, ♀60.7°, ♂+♀61.2°, 현대 중국인은 ♂64.3°, ♀60.5°, ♂+♀63.6°이다. 우리의 제3호 인골의 천골갑각을 이들에 비교하면 비자와인과 앙소촌인보다 약간 크고, 사과둔인 및 현대 중국인과는 큰 차이가 없다. 즉 천골갑각은 전면 돌출이 강하지 않다. 이상면(耳樣面/귓바퀴면/auricular surface)은 약간 크다.

유리하지골(遊離下肢骨)

1. 대퇴골

대퇴골의 보존 상태는, 제2호가 우측 대퇴골의 근위단(近位端/proximal potion)에서 골두의 상반부, 대전자(大轉子/큰돌기/greater trochanter), 소전자(小轉子/작은돌기/lesser trochanter)가 쇄파되었고 원위단(遠位端/distal portion)은 슬괵면(膝膕坦面/오금면/popliteal surface) 이하가 결손이다. 좌측 대퇴골도 골두는 경부(頸部)에서 분리되었을 뿐 아니라 골두의 뒷부분이 파손되었다. 그리고 골간은 근위단에서는 둔근(臀筋)의 조용부에서 위쪽, 원위단에서는 슬괵면 이하가 소실되었다. 제3호 우측 대퇴골의 근위단은 대전자, 소전자, 골두의 상후부 및 사선 상부가 결손되었다. 좌측 대퇴골은 대전자, 소전자, 골두의 후면이 붕괴되었다. 원위단은 양측 모두 슬괵면 이하가 망실되었다. 제4호 대퇴골은 양측 모두 근위단은 사선, 대전자, 소전자가 쇄파되고, 골두의 전면 또한 결손이다. 우측은 슬괵면 이하가 파손되었고 좌측은 원위단이 망실되었다. 골간은 여러 곳을 접착하여 간신히 그 형태를 보존할 수 있었다. 원측 골단은 내외 관절융기(髁/condyle)가 모두 파손되었다.

· 중앙 지름 (No.II [r.88, l.91]/ No.III [r.89, l.90]/ No.IV r.88)
대퇴골의 중앙 지름에는 바자와인의 No.I [r.92, l.94], 고가네이의 조선인 2건 [r.77, l.77], [r.78, l.77]이 있다. 우리의 제2호, 제3호, 제4호 각각 모두 비자와인보다 작고, 고가네이의 조선인보다 크다.

· 중앙 횡단 시수 (No.II [r.103.6, l.100.0]/ No.III [r.100.0, l.111.1]/ No.IV r.115.4)
해당 시수에는 비자와인의 No.I [r.103.6, l.103.5], No.II 106.7, 사과둔인의 [r.79.7, l.82.1, r+l.80.5], 앙소촌인의 ♂[r.89.6, l.92.0], 우[r.99.0, l.105.1], ♂+우[r.95.5, l.98.6], 현대 북중국인의 ♂[r.98.3, l.94.7], 우[r.102.7, l.100.8], ♂+우[r.94.9, l.96.7], 고가네이의 조선인 [r.88.5, l.88.5], [r.96.0, l.96.0]이 있다. 본 인골은 이들과 대비하면 제2호 및 제3호 우측은 비자와인과 대략 일치하고, 제3호 좌측 및 제4호는 현저하게 크며, Martin 표(S.1019)에서는 Salado-Indianer 115.8, Melanesier 114.7의 대략 중간에 위치한다. 제2호는 Feuerländer 103.5, Gallier 103.7, Bajuvaren 103.8에 가깝고, 제3호 좌측은 Paltacalo-Indianer 111.1과 프랑스 신석기시대인 111.1에 일치한다. 본 인골은 각 호 모두 석기시대 중국인 및 조선인보다 크고 Pilaster의 형성이 극히 강하다.

· 상부 횡단 시수 (No.II r.77.4/ No.III [r.90.0, l.90.0]/ No.IV [r.83.9, l.86.7])
해당 시수의 다른 성적으로 비자와인의 No.I [r.73.0, l.73.0], No.II [r.75.7, l.80.6], 사과둔인의

[r.74.5, 1.74.4, r+1.74.9], 앙소촌인의 ♂[r.78.3, 1.72.8], 우[r.68.2, 1.67.1], ♂+우[r.72.2, 1.69.9], 현대 중국인의 ♂[r.73.9, 1.80.7], 우[r.75.9, 1.75.0], ♂+우[r.78.5, 1.79.8], 그리고 고가네이의 조선인 [r.66.7, 1.66.7], [r.78.6, 1.75.0]이 있으며, 조선인 중 하나는 가장 편평하다. 우리의 제2호는 현대 중국인에 유사하다. 제3호, 제4호는 다른 인종보다 크고, 상부 횡단면은 거의 원형에 가까워서 Manouvrier의 이른바 Eurymer에 속한다. 제2호는 Platymerie에 속한다. Martin 표(S.1022)와 비교하면 제2호는 Gallier 77.0, Nieder-Kalifornier 77.0에 가깝고, 제4호 우측은 같은 표에서 큰 쪽에 속하는 Bayern 83.9와 같은 수치이며, 제3호 및 제4호 좌측은 같은 표의 최대치인 Rezente Schaffhauer 85.9를 능가한다.

· 두(頭) 횡단 시수 (No.II [r.97.7, 1.100.0])

해당 시수의 다른 성적에 비자와인의 No.I 1.96.2, No.II r.100.0이 있다. 본 인골 제2호 우측은 이에 비교할 때 비자와인 제1호와 흡사하여 두부(頭部)가 대략 원형에 가깝고, 제2호 좌측은 비자와인 제2호와 일치하여 완전한 원형이다.

· 경체각(頸體角) (No.II r.135° / No.IV [r.122°, 1.127°])

경체각의 다른 성적에는 비자와인 No.I 135°, No.II 134°가 있다. 본 인골 제2호는 비자와인에 가깝고 Martin 표(S.1027)의 최고치인 Rezente Schweizer 133°보다는 크다. 따라서 경부의 굴곡이 약하다.

대퇴골의 특징을 명기하면 다음과 같다.

본 인골의 대퇴골은 장대하고 단단하여 만곡이 약하고, 조조선(粗糙線/거친선/linea aspera)의 발육이 강하여 Pilaster를 형성했다. 그중 제3호는 두터워서 특히 Pilaster의 형성이 강하다. 골체 중앙 횡단면의 형태는 그림 6의 A와 같고, 제2호(같은 그림 B), 제4호(C)와 함께 목이 짧은 플라스코 모양을 띤다. 골간 상부는 다른 석기시대인에서 볼 수 있듯이 약간 편평하여, 제3호 및 제4호는 Eurymer에 속하고 제2호는 Platymerie에 속한다. 횡단면의 형태는 상부에서는 그림 6의 D~F와 같다. 외측면, 내측면은 모두 조조선 부근에서 특히 강하게 함몰되었다. 영양공은 조조선상의 대략 중앙 내측에 있고, 제2호 우측은 골간골(骨幹骨) 위 3분의 1 부분인 조조선상 내측에 위치한다. 둔근(臀筋/엉덩이근육/gluteal muscle) 조용의 발육은 뚜렷하여 경부가 비교적 짧고, 제3호는 앞뒤로 편평하지만 제2호와 제4호는 원형을 이룬다. 골두는 크고 구형으로 둥글며 팽륭이 강한 편이다. 경부의 굴곡이 약하고, 전자간선(轉子間線/돌기사이선/intertrochanteric line)은 뚜렷하다. 두와(頭窩/넙다리뼈머리오목/digastric fossa of femur)는 제2호, 제4호 둘 다 깊고 제3호는 반대로 얕다. 원측 골단은 망실되어 관찰할 수 있는 것이 하나도 없었다. 제3 전자(轉子/돌기/trochanter)의 현출은 확인할 수 없다.

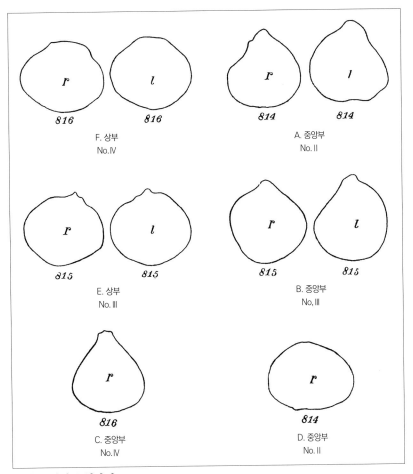

그림 6. 대퇴골 횡단면

2. 슬개골

슬개골의 보존 상태는 불량하여 제3호 좌측 및 제4호 우측만 존재한다. 제3호는 내측 관절면 하부 3분의 1이 쇄파되었고, 제4호는 전면의 골질이 붕괴되었다.

· **최대 높이** (No.III l.41/ No.IV r.41)

슬개골 최대 높이의 다른 성적으로 비자와인의 No.II [r.40, l.41], 사과둔인의 [r.40.8, l.41.6, r+l.41.2], 앙소촌인의 ♂[r.44.0, l.43.6], ♀[r.35.2, l.35.7], ♂+♀[r.37.9, l.37.9], 현대 중국인의 ♂ [r.40.2, l.40.6], ♀[r.36.0, l.35.3], ♂+♀[r.39.7, l.39.9]가 있다. 이 중 앙소촌인이 가장 큰데, 본 인골 및 비자와인, 사과둔인, 현대 북중국인은 대략 유사하다.

· 최대 두께 (No.Ⅲ 1.22/ No.Ⅳ r.20)

최대 두께에는 비자와인의 No.Ⅱ [r.21, 1.22], 사과둔인의 [r.20.1, 1.20.2, r+1.20.1], 앙소촌인의 ♂
[r.22.6, 1.22.6], 우[r.17.5, 1.17.7], ♂+우[r.19.1, 1.19.2], 현대 중국인의 ♂[r.20.2, 1.20.2]가 있는데 모
두 본 인골 제3호, 제4호와 큰 차이가 없다.

슬개골의 특징을 개괄하면 다음과 같다.

본 인골의 슬개골의 크기와 형태는 일정하지 않다. 제3호는 약간 커서 밤톨 모양이고, 제4호는 비교
적 작고 염통 모양이다. 관절면의 형태도 다종다양하지만 양자 모두 외측 관절면이 내측 관절면에 비해
현저히 크며, 골체는 높고 두꺼운 편이다.

3. 경골

본 인골의 경골(脛骨/정강뼈/tibia)은 제1호, 제2호, 제3호, 제4호에 현존하지만, 쇄파가 심하여 거
의 완전한 것이 없다.

· 최대 길이 (No.Ⅲ [r.358.0, 1.___]/ No.Ⅳ [r.___, 1.354.0])

경골 최대 길이에 앙소촌인의 ♂[r.372.8, 1.376.6], 우[r.313.8, 1.339.1], ♂+우[r.357.0, 1.351.6], 현
대 북중국인의 ♂[r.364.3, 1.365.5], 우[r.329.0, 1.325.3], ♂+우[r.360.8, 1.359.3]이 있다. 본 인골은 제3
호, 제4호 모두 이들 양 인종보다 작다.

· 경골 길이 (No.Ⅲ [r.353, 1.___]/ No.Ⅳ [r.___, 1.340])

경골 길이에 비자와인의 No.Ⅱ [r.335, 1.336], 앙소촌인의 ♂[r.363.8, 1.369.2], 우[r.336.6,
1.331.8], ♂+우[r.349.0, 1.345.4], 현대 북중국인의 ♂[r.356.2, 1.357.1], 우[r.329.0, 1.321.0], ♂+우
[r.353.5, 1.351.9]가 있는데, 우리의 성적은 이들 인종의 남성보다는 작고 여성과는 비등하다.

· 관절면간(間) 거리 (No.Ⅲ r.334)

비자와인의 해당 성적은 No.Ⅱ [r.321, 1.323], 앙소촌인은 ♂[r.347.0, 1.350.0], 우[r.321.6,
1.317.3], ♂+우[r.333.3, 1.328.2], 현대 북중국인은 ♂[r.356.2, 1.357.1], 우[r.329.0, 1.321.0], ♂+우
[r.353.5, 1.351.9], 고가네이의 조선인은 No.Ⅰ [r.320, 1.324], No.Ⅱ [r.277, 1.279]이다. 이들에 비교하
면 우리의 인골은 비자와인 및 조선인보다는 크고 현대 북중국인 및 앙소촌인보다 약간 짧다.

· 하폭(下幅) (No.Ⅲ [r.53, l.53])

하폭의 다른 성적에는 비자와인 No.Ⅱ [r.50, l.50], 고가네이의 조선인 [r.48, l.48], [r.48, l.48]이 있다. 우리의 제3호는 이들에 비교하여 크다.

· 중앙 시상경(矢狀徑/앞뒤직경/anterior posterior line) (No.Ⅱ [r.28, l.29]/ No.Ⅲ [r.29, l.29]/ No.Ⅳ [r.29 l.29])

중앙 시상경에는 비자와인의 No.Ⅰ [r.34, l.33], No.Ⅱ [r.36, l.33], No.Ⅲ r.27, 사과둔인의 ♂ [r.26.0, l.30.1, r+l.27.0], 앙소촌인의 ♂[r.32.6, l.34.0], 우[r.28.1, l.28.1], ♂+우[r.30.1, l.30.2], 현대 북중국인의 ♂[r.28.8, l.29.2], 우[r.23.5, l.22.3], ♂+우[r.28.3, l.28.3], 성주고분인 l.28이 있는데, 본 인골은 각 호 모두 비자와인, 사과둔인, 앙소촌인보다는 작고, 조선 고분 인골 및 현대 중국인과는 큰 차이가 없다.

· 중앙 횡경(橫徑) (No.Ⅱ [r.22, l.22]/ No.Ⅲ [r.22, l.22]/ No.Ⅳ [r.21 l.21])

중앙 횡경에는 비자와인의 No.Ⅰ [r.23, l.23], No.Ⅱ [r.26, l.24], No.Ⅲ r.21, 사과둔인의 [r.18.1, l.20.1, r+l.19.0], 앙소촌인의 ♂[r.21.8, l.22.5], 우[r.20.3, l.19.2], ♂+우[r.21.0, l.20.4], 현대 중국인의 ♂[r.20.6, l.20.7], 우[r.18.0, l.17.0], ♂+우[r.20.4, l.20.2], 성주고분인 l.18이 있다. 이들과 대비하면 본 인골 각 호는 비자와인보다 작고 앙소촌인과는 큰 차이가 없으며, 사과둔인, 현대 북중국인 및 조선 고분 인보다는 크다.

· 중앙 횡단 시수 (No.Ⅱ [r.78.6, l.75.9]/ No.Ⅲ [r.75.9, l.75.9]/ No.Ⅳ [r.72.4 l.72.4])

해당 시수의 다른 성적으로 비자와인의 No.Ⅰ [r.67.7, l.69.7], No.Ⅱ [r.72.7, l.72.7], No.Ⅲ r.77.8, 사과둔인의 [r.69.8, l.66.9, r+l.68.4], 앙소촌인의 ♂[r.69.9, l.66.1], 우[r.72.2, l.68.4], ♂+우[r.69.8, l.67.6], 현대 북중국인의 ♂[r.71.6, l.71.1], 우[r.76.5, l.76.0], ♂+우[r.72.1, l.71.7], 성주고분 인골 l.64.3이 있다. 본 인골 각 호는 앙소촌인, 사과둔인, 비자와인 제1호, 제2호 및 조선 고분 인골보다는 크고, 비자와인 제3호 및 현대 북중국인과는 큰 차이가 없다.

원래 경골체(정강뼈몸통/tibia bone body)의 중앙부 횡단면 형태는 각각 수많은 차이가 있지만 본 인골에서는 그림 7의 A, B, C와 같이 거의 삼각형을 띤다. Manouvrier에 의하면 당 시수는 인류에 있어서는 50~90 사이를 오가는데, 64.9 이하에 있는 것을 Platyknem이라고 하며, 65.0~69.9를 Mesoknem라고 부르며 70.0 이상을 Euryknem라고 칭한다. 우리의 인골 제2호, 제3호, 제4호는 모두 Euryknem에 속한다. 고가네이에 의하면 2건의 조선인은 Platyknemie [r.59.4, l.61.3] 및 Euryknemie [r.78.6, l.75.0]에 속한다고 한다.

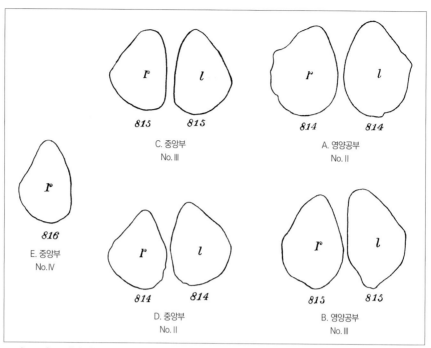

그림 7. 경골 횡단면

· 영양공 횡단 시수 (No.II [r.76.5, l.71.4]/ No.III [r.67.7, l.68.6]/ No.IV r.63.9)

비자와인의 해당 시수는 No.I l.62.2, No.II [r.73.0, l.75.7], No.III r.75.0으로, 우리의 제2호는 비자와인 제2호와 제3호에 필적한다. 우리의 제3호, 제4호가 그 다음이고, 비자와인 제1호가 가장 작다. 그리고 본 인골의 시수를 Martin 표(S.1042)에 비교하면, 제4호는 Patagomier 63.8, 제3호는 Feuer-länder 67.0, Senoi und Semang 67.0, Altequadorianer 68.3에 가깝고, 제2호 우측은 최고치인 Lo-thringer 74.1보다도 크다. 제2호 좌측은 같은 표의 Alamannen der Schweiz, Rezente Franzosen 와 일치한다.

· 후부각(後俯角) (No.III r.13°)

비자와인의 해당 각은 No.II [r.11°, l.5°]로 본 인골 제3호는 이보다 크다. Martin 표(S.1045)에 대비하면 Rezente-Pariser 12.5°와 Paltacalo-Indianer 13.7°의 중간에 있다.

· 경사각(傾斜角) (No.III r.9°)

비자와인의 해당 각은 No.II [r.5°, l.1°]로, 본 인골 제3호는 이보다 크다. Martin 표(S.1045)의 후부각과 마찬가지로 Rezente-Pariser 8.5°와 Paltacalo-Indianer 10.2°의 사이에 있다.

경골의 특징을 개괄하면 다음과 같다.

경골은 비교적 길고 두꺼우며 곧게 뻗어 있고, 특히 제3호 경골은 단단하고 강하다. 전연은 강하게 전방으로 튀어나와서 가장자리가 예리하고, 내측연은 반대로 둔하다. 내면은 약간 팽륭하였고, 외면 및 후면은 다소 함몰되었다. 원측 골단은 크고 전후로 편평하며, 전면은 약간 볼록하고 후면은 편평하다. 내과구(內髁溝/안쪽복사고랑/malleolar groove)는 깊고 비골(腓骨)절흔은 중등 크기이다. 근측 골단은 쇄파가 심하여 완전한 것이 없고 후경이 강하다. 대개 제3호는 비교적 염전이 약하지만, 제2호, 제4호는 반대로 굴곡과 염전이 모두 강하다. 전체적으로 근육부착부의 거침이 강하고, 그중 제3호는 슬괵선(膝膕線/오금선/linea poplitea) 및 경골결절의 발육이 현저하다. 제4호는 Platyknemie, 제3호는 Meseknemie, 제2호는 Euryknemie에 속한다. 각 호 골간 중앙 횡단면 형태 및 제2호와 3호의 영양공부 단면의 형태를 제시하면 그림 7의 A~E와 같다.

4. 비골

비골(腓骨)은 제3호와 제4호에서 양측이 남아 있다. 제3호는 양측 모두 비골 소두가 망실되었고, 제4호는 골간(骨幹)의 상하 각 3분의1이 쇄파되어 중앙부분이 남아 있다.

· 중앙 최대 지름 (No.Ⅲ [r.16, l.17])
비자와인의 중앙 최대 지름은 No.Ⅱ [r.20, l.18], 조선인은 [r.14, l.13] 및 [r.12, l.12]로, 우리의 제3호는 비자와인보다 작고, 조선인보다 크다.

· 중앙 최소 지름 (No.Ⅲ [r.11, l.11]/ No.Ⅳ [r.10, l.10])
비자와인의 중앙 최소 지름은 No.Ⅱ [r.13, l.11], 조선인은 [r.11, l.10] 및 [r.8, l.8]로, 제3호, 제4호는 이들과 비교하여 큰 차이가 없다.

· 중앙 횡단 시수 (No.Ⅲ [r.68.8, l.64.7])
비자와인의 중앙 횡단 시수는 No.Ⅱ [r.65.0, l.61.1], 조선인 2건은 [r.78.9, l.76.9] 및 [r.66.7, l.66.7]로, 우리의 제3호는 이들과 비교하여 큰 차이가 없고, 조선인보다는 약간 편평하다.
해당 비골의 특징을 명기하면 다음과 같다.
해당 비골 중앙의 최대 지름은, 전즐(前櫛)과 외측즐 사이에 있고, 최소 지름은 외측면과 내측즐 사이에 있다. 그 횡단면의 형태는 그림 8과 같다. 비골은 대개 단단하고 편평한 편이며, 각 즐(櫛)은 전체적으로 가장자리가 예리하고, 골간즐은 발육이 뚜렷하며 예리하다. 제3호, 제4호 모두 외면은 요구(凹溝) 패임이 뚜렷하고, 후면은 가볍게 팽만되었다.

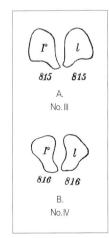

그림 8. 비골 횡단면

5. 거골

거골(距骨)은 제1호, 제2호, 제3호, 제4호에 잔존한다.

· 길이 (No. I [r.48, 1.48]/ No. II r.49/ No.III [r.52, 1.52]/ No.IV [r.47 1.46])

비자와인의 거골은 No. II [r.51, 1.50], 사과둔인은 [r.50.1, 1.49.9, r+1.50.0], 앙소촌인은 ♂[r.52.0, 1.50.5], 우[r.45.8, 1.45.2], ♂+우[r.48.9, 1.47.5], 현대 중국인은 ♂[r.51.0, 1.50.7], 우[r.48.0, 1.47.5], ♂+우[r.50.7, 1.50.4]이다. 이들에 비해서 우리의 제1호, 제2호, 제4호는 가장 작고, 제3호는 반대로 가장 큰데 앙소촌인과는 약간 근사하다.

· 폭 (No. II r.38/ No.III [r.41, 1.41])

비자와인의 폭은 No. II [r.43, 1.45], 사과둔인은 [r.39.1, 1.39.3, r+1.39.1], 앙소촌인은 ♂[r.43.0, 1.43.0], 우[r.37.6, 1.37.0], ♂+우[r.40.3, 1.40.0], 현대 중국인은 ♂[r.40.1, 1.40.2], 우[r.36.5, 1.36.5], ♂+우[r.39.7, 1.39.9]이다. 본 인골 제2호는 이들에 비해서 작고, 제3호는 비자와인이나 앙소촌인보다 작지만 현대 중국인, 사과둔인보다는 크다.

· 중앙 높이 (No.III [r.34, 1.34]/ No.IV [r.28 1.28])

비자와인의 거골 중앙 높이는 No. II [r.33, 1.33], 사과둔인은 [r.30.0, 1.29.7, r+1.29.9], 앙소촌인은 ♂[r.31.8, 1.31.8], 우[r.27.1, 1.27.6], ♂+우[r.29.2, 1.29.7], 현대 북중국인은 ♂[r.30.3, 1.30.3], 우[r.28.0, 1.27.5], ♂+우[r.30.1, 1.30.0]이다. 본 인골 제4호는 이들 인종보다 낮고, 제3호는 반대로 이들 인종보다 훨씬 높다.

· 장폭 시수 (No. II r.77.6/ No.III [r.78.9, 1.78.9])

해당 시수에 비자와인의 No. II [r.84.3, 1.90.0], 사과둔인의 [r.78.2, 1.78.4, r+1.78.3], 앙소촌인의 ♂[r.82.6, 1.82.3], 우[r.92.1, 1.81.9], ♂+우[r.82.4, 1.82.1], 현대 북중국인의 ♂[r.78.8, 1.79.3], 우[r.75.9, 1.77.7], ♂+우[r.78.3, 1.79.1]이 있다. 이들에 비해 우리의 제2호는 약간 작고, 제3호는 비자와인, 앙소촌인보다는 작지만 사과둔인 및 현대 북중국인과는 거의 일치한다. 또 이를 Martin 표(S.1053)에 대비하면 제2호는 Japaner 77.2보다 조금 크고, 제3호는 Melanesier 78.6과 큰 차이가 없어 대략 표의 중간 위치에 있다.

· 장고(長高) 시수 (No.III [r.65.4, 1.65.4]/ No.IV [r.59.6, 1.60.9])

당 시수에 비자와인의 No. II [r.64.7, 1.66.0], 사과둔인의 [r.59.9, 1.59.6, r+1.59.7], 앙소촌인의 ♂

[r.61.1, 1.61.4], 우[r.59.7, 1.61.1], ♂+우[r.60.4, 1.61.2], 현대 중국인의 ♂[r.59.4, 1.59.7], 우[r.58.2, 1.57.8], ♂+우[r.59.3, 1.59.5]가 있다. 제4호는 비자와인보다 작고 다른 인종과는 대략 일치한다. 제3호는 이와 반대로 다른 인종들보다 훨씬 크다. 또 Martin 표(S.1053)과 비교하면, 제3호는 표의 최대치인 Homo Neandertalensis 61.0보다 훨씬 크고, 제4호는 Negrito 58.8, Homo Neandertalensis 61.0과 큰 차이가 없다. 또 Poniatowski의 표(S.6)에 의하면, 장고 시수는 Maori 60.8~Bhot 56.8 사이를 오가는데, 본 인골 제3호는 최대치인 Maori 60.8보다 훨씬 크다. 제4호는 Tiroler 59.3, Maori 60.8과 큰 차이가 없다. 즉 우리들의 제3호 거골은 이들 여러 인종에 비해 비교적 높다. 하세베에 의하면 중국인 남성의 장고 시수는 63.6으로, 제2호와 제3호의 중간에 위치한다.

· 활차 길이 시수 (No.Ⅰ [r.60.4, 1.60.4]/ No.Ⅲ [r.61.5, 1.63.5]/ No.Ⅳ [r.66.0, 1.63.0])

본 시수에는 비자와인의 No.Ⅱ [r.66.7, 1.70.0], 사과둔인의 [r.63.3, 1.62.8, r+1.62.0], 앙소촌인의 ♂[r.63.1, 1.61.9], 우[r.61.5, 1.62.4], ♂+우[r.62.3, 1.62.2], 현대 중국인의 ♂[r.63.6, 1.63.5], 우[r.60.5, 1.60.0], ♂+우[r.63.2, 1.63.1]이 있다. 우리의 제1호, 제3호는 이들 각 인종보다 작고, 제4호는 비자와인보다 약간 작지만 그 외의 인종들보다는 크다.

· 활차 시수 (No.Ⅰ r.89.7/ No.Ⅲ [r.90.6, 1.87.9])

본 시수는 비자와인의 No.Ⅱ [r.82.4, 1.82.9], 사과둔인의 [r.86.8, 1.87.0, r+1.86.9], 앙소촌인의 ♂[r.90.1, 1.91.1], 우[r.93.5, 1.92.7], ♂+우[r.91.8, 1.91.9], 현대 북중국인의 ♂[r.87.7, 1.89.7], 우[r.91.3, 1.91.1], ♂+우[r.88.0, 1.89.9]가 있다. 우리의 제1호 및 제3호 우측은 비자와인, 사과둔인보다 크고 현대 중국인과 대략 일치하며, 앙소촌인보다는 작다. 제3호 우측은 앙소촌인과 큰 차이가 없고 그 외 여러 인종보다는 크다. 또 Martin 표(S.1054)의 여러 인종과 비교하면 제1호는 Australier 89.8과 거의 일치하며 제3호 좌측은 Tibetaner 87.8보다 약간 크고 우측은 Feuerländer 90.8과 큰 차이가 없다.

· 활차 장고 시수 (No.Ⅰ r.24 / No.Ⅲ [r.21.9, 1.24.2] / No.Ⅳ [r.22.6 1.27.6])

비자와인의 해당 시수는 No.Ⅱ [r.22.6, 1.25.7]로, 이와 본 인골을 비교하면 제1호, 제3호, 제4호의 우측은 거의 유사하지만 제4호 좌측은 비자와인보다 훨씬 크다. 그리고 Martin 표(S.1054)의 여러 인종과 비교하면, 표의 최소 시수인 Tiroler 28.6보다 작으므로 본 거골 활차는 매우 낮고 길다고 할 수 있다.

· 후거골 관절면 장폭 시수 (No.Ⅲ [r.68.8, 1.68.8]/ No.Ⅳ [r.70.4 1.67.8])

본 시수에 비자와인의 [r.71.9, 1.67.7]이 있다. 우리의 인골을 이에 비교하면 제3호, 제4호 모두 비자와인과 큰 차이가 없다. 전체적으로 시수가 작으므로 후거골 관절면은 좁고 길다고 할 것이다.

· 후거골 관절면 편의각(偏倚角/angle of diffraction) (No.Ⅲ [r.48°, 1.50°]/ No.Ⅳ [r.40°, 1.38°])

비자와인의 해당 각은 [r.40°, 1.45°]로, 우리의 제3호는 이보다 경사가 강하다. 제4호는 우측은 일치하는데 좌측은 경사가 약하다.

· 경편의각(頸偏倚角) (No.Ⅰ r.20°/ No.Ⅲ [r.18°, 1.20°]/ No.Ⅳ 1.27°)

비자와인의 해당 각은 [r.28°, 1.25°]로, 우리의 제1호, 제3호는 이보다 작고 제4호는 큰 차이가 없다. 또 일본인의 편의각은 20°, 유럽인은 17.8°로 대개 본 인골보다 작다. 본 인골의 시수를 Martin 표(S.1055)의 여러 인종과 비교하면, 제1호 및 제3호의 좌측은 Japaner 20°와 일치하고 제3호 우측은 Europäer 17.3°보다 약간 크며, 제4호는 Spy 및 Australier 25°보다는 크고 La Ferrassie 23° u. 30°의 중간에 위치한다. 따라서 제4호는 경부 안쪽의 경사가 강하다. 이 편의각은 원류에 가까울수록 큰데, Orangutan 30°, Gorilla 34°이다.

· 염전각 (No.Ⅲ [r.34°, 1.35°]/ No.Ⅳ 1.33°)

비자와인의 염전각은 [r.42°, 1.45°]로, 우리의 제3호, 제4호는 이보다 작다. 일반적으로 염전각이 작은 것은 원시적이라고 본다. 원류의 해당 각은, Orangutan 9.4°, Gorilla 18.7°이다.

거골의 특징을 개괄하면 다음과 같다.

제1호 인골의 거골은 낮고 넓으며 외측 돌기의 발육이 약하다. 후근골 관절면은 좁고 오목함이 약하며 거골구(距骨溝/목말뼈고랑/sulcus of talus)가 깊고, 우측의 활차와 두경장(頭頸長), 두(頭)의 크기가 좌측에 비해 약간 크다.

제3호 거골은 비교적 광대하고, 활차는 짧지만 그 윗면이 약간 넓고 액위(額位)가 강하게 구부러져 파였다. 외측 돌기의 돌출 및 내과면(內踝面/안쪽복사면/malleolar surface)의 후방 연장이 약하다. 후근골 관절면은 넓고 오목함이 강하며 경부는 약간 짧다. 장굴만근구(長屈彎筋溝/긴엄지굽힘근힘줄고랑/groove for tendon of flexor hallucis longus)는 뚜렷하며, 우측의 외측 결절에 삼각골(三角骨/세모뼈/triquetrum)이 확인된다. 본 골 이상은 일본인과 흑인에 비교적 많고 이집트인, 유럽인에는 비교적 적다고 한다. 활차 내연은 외연보다 훨씬 높고, 두부는 커서 궁륭이 강하며 전, 중 양관절면은 서로 연속되어 있다. 제4호 거골은 협소하고 낮다. 그 외에는 쇄파가 심하여 불명이다.

6. 근골

근골(跟骨)은 제1호, 제3호, 제4호에 잔존한다. 제3호는 완전한 편이지만, 나머지는 쇄파가 심하다.

· 최대 길이 (No.Ⅲ [r.81, l.81]/ No.Ⅳ r.78)

비자와인의 근골 최대 길이는 [r.74, l.77], 사과둔인은 [r.77.6, l.74.6], 앙소촌인은 ♂[r.79.4, l.79.6], 우[r.71.8, l.70.7], ♂+우[r.75.2, l.74.4], 현대 북중국인은 ♂[r.78.0, l.77.8], 우[r.72.5, l.68.6], ♂+우[r.77.4, l.76.5]이다. 이들에 비교하면 본 인골 제3호는 매우 크고 제4호는 큰 차이가 없다.

· 높이 (No.Ⅲ r.45/ No.Ⅳ r.41)

비자와인의 근골 높이는 No.Ⅱ [r.45, l.46], 사과둔인은 [r.41.4, l.39.5, r+l.40.4], 앙소촌인은 ♂[r.42.0, l.42.0], 우[r.36.8, l.36.4], ♂+우[r.39.1, l.38.7]이다. 우리의 제3호 인골은 비자와인과 대략 일치하며 그 외의 인종보다는 크다. 제4호는 사과둔인과 유사하고 나머지 인종보다 약간 작다.

· 소고(小高) (No.Ⅰ r.34/ No.Ⅲ r.40/ No.Ⅳ r.36)

비자와인은 No.Ⅱ [r.40, l.41], 사과둔인은 [r.38.6, l.37.0, r+l.37.7], 앙소촌인은 ♂[r.38.6, l.38.6], 우[r.34.3, l.33.8], ♂+우[r.36.2, l.35.8]이다. 우리의 제1호, 제4호는 이들에 비하면 약간 작고, 제3호는 비자와인과 대략 일치하며 그 나머지 인종보다 크다.

· 장고(長高) 시수(제1위(位) 장고 시수 $\frac{Höhe \times 100}{Grösste\ Länge}$ = No.Ⅲ r.57.7/ No.Ⅳ r.57.8)

  (제2위 장고 시수 $\frac{Kleine\ Höhe \times 100}{Grösste\ Länge}$ = No.Ⅲ r.51.3/ No.Ⅳ r.50.7)

비자와인의 장고 시수는 제1위 [r.63.4, l.64.9], 제2위 [r.56.3, l.56.9]이고, 또 사과둔인은 [r.49.8, l.49.3, r+l.49.5], 앙소촌인은 ♂[r.48.7, l.48.6], 우[r.47.7, l.47.8], ♂+우[r.48.2, l.43.1], 현대 북중국인은 ♂[r.49.3, l.48.9], 우[r.45.4, l.43.5], ♂+우[r.48.9, l.48.1]로, 우리의 성적은 비자와인보다 작지만 그 나머지 인종보다 훨씬 크다. Martin 표(S.1057)의 최고 시수인 일본인의 ♂52.1, 우49.2보다도 크다. 따라서 골체가 높다. Martin에 의하면 일반적으로 원시인은 유럽인 및 일본인보다도 근골이 비교적 낮다고 한다.

· 절거돌기(截距突起/목말받침돌기/sustentaculum tali) 시수 (No.Ⅲ [r.31, l.31])

비자와인의 절거돌기 시수는 No.Ⅱ r.23.3으로, 우리의 제3호에 비교하여 현저하게 작다. 본 시수를 Martin의 표(S.1058)에 비교하면, Feuerländer 31.0과 일치하고 Alamannen 30.8과 Tibetaner 31.7의 중간에 위치한다. 따라서 해당 절거돌기의 돌출은 대개 중등 정도로 비자와인보다 강하다. 본래 원시인의 돌출이 강하다.

· 융기 시수 (No.Ⅲ [r.63.0, l.63.0]/ No.Ⅳ [r.56.4 l.＿＿])

비자와인의 해당 시수는 No.Ⅱ r.66.0으로, 우리의 제3호, 제4호에 비교하여 매우 크다.

· 후관절면 시수 (No.Ⅲ [r.68.7, l.66.6]/ No.Ⅳ r.75.0)

비자와인의 해당 시수는 No.Ⅱ [r.58.1, l.66.7], 사과둔인은 [r.71.7, l.75.0, r+l.73.3], 앙소촌인은 ♂[r.78.1, l.80.5], ♀[r.80.8, l.80.9], ♂+♀[r.79.5, l.79.1], 현대 북중국인은 ♂[r.74.7, l.72.7], ♀[r.80.3, l.73.8], ♂+♀[r.75.2, l.72.9]이다. 우리의 제3호, 제4호는 비자와인보다 크다. 한편 제3호는 나머지 인종보다 작으며, 제4호는 앙소촌인보다는 작지만 사과둔인, 현대 북중국인과는 큰 차이가 없다. 따라서 이들의 여러 인종에 비해 넓고 약간 짧다.

근골의 특징을 개괄하면 다음과 같다.

제1호 근골은 비교적 좁고 높으며 크기는 보통이다. 우측은 외측면에, 좌측은 내외 양측면에 결손이 있다. 전체적으로 내측면의 오목함이 강하고, 후관절면은 약간 넓어서 볼록함이 약하다. 근골 골축(骨軸)에 대한 편의각은 작다. 또 근골구의 패임이 깊고 전, 중 양관절면의 분리는 선명하지 않은데, 굴모근구(屈蹈筋溝/긴엄지굽힘근힘줄고랑/groove for tendon of flexor hallucis longus)가 깊고 절거돌기의 발육이 좋다.

제3호 근골은 길고 좁은 편으로 높고, 절거돌기의 돌출은 보통이다. 전, 중 양관절면은 연속되어 있고 후관절면은 비교적 넓으며 볼록함이 약하여 편의각도 작다. 후관절면 바로 앞의 함몰이 깊고 근골결절은 좁고 높다. 내외측 돌기의 분리는 내측 돌기가 망실되어 불명인데, 외측 돌기는 전연이 뚜렷하고 바닥쪽 면이 가볍게 파였다. 제4호 근골은 비교적 짧고 넓으며 높고 크기는 약간 작다. 그 외의 특징은 제3호와 대략 일치한다. 투자골(骰子骨) 관절면은 모두 비교적 높고 넓다.

7. 주상골

주상골(舟狀骨)은 제1호, 제3호, 제4호에 모두 존재하지만 제1호는 파쇄가 심하다.

· 두께 시수 (No.Ⅲ [r.52.4, l.52.4]/ No.Ⅳ r.47.1 l.47.1)

비자와인의 당 시수는 No.Ⅱ r.50.0으로, 우리의 제3호는 이에 비하여 조금 크고 제4호는 약간 작다. Martin 표(S.1063)의 여러 인종에 비교하면, 제3호는 Melanesier 52.5에 근사하고 제4호는 Neger 45.0과 Melanesier 52.5의 중간에 위치한다. 모두 도표의 작은 쪽에 속하여 원시적 징후를 나타낸다.

8. 설상골 및 투자골

제3 설상골(楔狀骨/쐐기뼈/cuneiform)과 투자골(骰子骨/입방뼈/cuboid)은 제3호, 제4호에 존재하고, 제2 설상골은 제4호에만 남아 있다. 각 설상골 관절면의 경계는 분명하다. 설상골과 투자골에는 특별한 차이가 확인되지 않는다. 주상골, 설상골, 투자골의 특징은 다음과 같다.

제1호 주상골은 크기는 보통이며 주상골 조용의 발육이 약하고, 거골쪽 관절면은 비교적 작고 오목함이 강하다. 설상골쪽 관절면의 분리는 선명하지만 반대로 투자골쪽 관절면은 불명이다.

제3호의 주상골은 넓고 발바닥쪽 돌기가 강하다. 거골쪽 관절면은 짧고 넓어서 깊고, 설상골쪽 관절면은 넓이는 보통이고 분리가 선명하다. 투자골쪽 관절면은 결여되었고, 주상체(舟狀體/발배뼈몸통/navicular bone body)의 거침이 강하다. 제3호의 제1 설상골은 비교적 큰데, 주상골쪽 관절면은 강하게 함몰되어 골간설상인대(骨間楔狀靭帶/쐐기사이인대/intercuneiform ligaments) 부착부의 거침이 강하다. 제3 설상골은 넓고 원측연도 비교적 넓다.

제1호 투자골은 외측연이 넓고 제4-제5 척골(蹠骨)쪽 관절면은 비교적 평탄하여 분리가 선명하지만, 비골근건구(腓骨筋腱溝/긴종아리근힘줄고랑/groove for tendon of fibularis longus) 및 투자골 조용은 약간 뚜렷하다. 제3호 투자골은 크고 원측 관절면이 상하로 평탄하고 좌우로는 볼록하다. 발바닥쪽 면에서 후방으로 향하는 추체돌기(錐體突起/날개패임돌기/processus pyramidalis)의 발육이 강하고, 근골쪽 관절면은 보다 강하게 위쪽으로 향했다.

제4호의 주상골, 제1 설상골, 제3 설상골, 투자골 등은 그 특징이 제3호와 큰 차이가 없다.

9. 척골 및 족지골

척골(蹠骨/발허리뼈/metatarsus) 및 족지골(足趾骨/발가락뼈/phalange)이 잔존하는 것은 다음과 같다.

제3호 인골의 우측에 제1, 제2, 제5 척골 및 제3, 제4 척골(모두 소두 결여), 제1, 제2, 제3, 제4, 제5 족지골의 기절(基節)이 있고, 좌측에는 제1, 제2, 제3, 제4, 제5 척골 및 제1, 제3, 제4 족지골의 기절, 제5 족지골의 중절(中節) 및 제5 족지골의 말절(末節)이 있다.

제4호 인골은 우측에 제1, 제2, 제3, 제4 척골, 제1, 제2 족지골의 기절, 제1 족지골의 말절이 있다. 또 좌측에는 제1, 제2, 제3, 제4, 제5 척골(단 소두의 비골측은

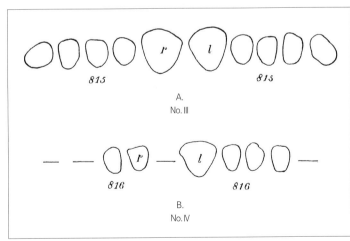

그림 9. 족지골 횡단면

결손), 제1, 제2, 제3, 제4 족지골의 기절, 제1 족지골의 말절이 있다.

척골 및 족지골의 특징을 개괄하면 다음과 같다.

척골은 크고 곧게 뻗었으며, 제3호는 비골측(腓骨側)이 편평하고, 경골측(脛骨側)은 볼록하다. 제4호는 반대로 좌우 양측이 모두 편평하다. 일반적으로 본 인골의 척골은 염전이 강하고, 척골 길이는 제3호가 오른쪽 Ⅱ·Ⅲ·Ⅳ·Ⅴ·Ⅰ, 왼쪽 Ⅱ·Ⅲ·Ⅳ·Ⅴ·Ⅰ의 순위이며, 제4호는 오른쪽 Ⅱ·Ⅲ·Ⅳ·Ⅰ, 왼쪽 Ⅱ·Ⅲ·Ⅳ·Ⅴ·Ⅰ의 순위이다. 척골의 중앙 횡단 형태는 그림 9의 A, B와 같다.

족지골의 기절은 짧고 두껍다.

총괄

이상 각 부에서 기술한 사항을 다시 일괄하고, 나아가 비자와인, 사과둔인, 앙소촌인, 현대 북중국인, 조선인과의 구별을 명확히 함으로써 본고를 마치고자 한다.

1. 목양성 인골의 특징

당 인골의 특징을 개괄하면 다음과 같다.

뇌두개골은 단편인 탓에 상세하지 않지만 골벽이 중후하고 봉합거치선이 단소하다. 안면은 권골 결절이 높고 구개가 비교적 넓다. 하악골은 비교적 완강하여 폭이 넓고, 골체는 중등고로 두꺼우며, 이부의 돌출은 강하지 않다. 하악지는 짧고 넓으며 경사가 약간 강하고, 하악절흔은 넓고 낮다.

추골은 모두 추체가 넓고, 늑골은 구(溝), 결절, 근부착부의 발달이 현저하다. 쇄골은 비교적 섬세하며, 곧게 뻗어서 중앙 횡단면이 약간 둥글다. 견갑골은 비교적 크고 관절와가 얕으며 견갑골절흔이 현저하다. 상박골은 장대하여 강하고 곧게 뻗어 염전이 약하며 근부착부의 거침이 강하다. 요골은 큰 편으로, 요골결절은 약간 외방으로 전향했다. 경부(頸部)는 좁고 길며 또 굴곡이 강하다. 척골(尺骨)은 길고 단단하며 주두(鷹嘴)가 넓다. 주두돌기는 약간 높고 반월상절흔은 함몰이 강하며, 척골측 관절면은 요골측 관절면보다 좁다. 즉 원시적 징후가 현저하다. 그런데 동 관절면 전연은 비교적 넓어서 원시성에서 멀다.

관골은 크기는 보통이고 두꺼우며 대좌골절흔은 넓고 얕다. 비구의 크기는 보통으로 깊고 타원형을 이룬다. 반월상면이 좁다. 천골갑의 앞 돌출은 비교적 약하다. 대퇴골은 장대하고 단단하여 만곡이 약하고 근육부착부의 거침이 강하다. 골간은 Pilaster의 형성이 강하여 골체가 두터운데, 윗쪽 골간은 약간 왜소하지만 제3호, 제4호는 Euaymer에 속하고 제2호는 Platymerie에 속한다. 슬개골은 작지만 높고 두껍다. 경골은 길고 두꺼우며 곧게 뻗었고, 앞쪽의 불룩함이 강하여 상면의 후경이 비교적 강하다. 골체의 상부는 전체적으로 두꺼워서 제4호는 Platyknem, 제3호는 Mesoknem, 제2호는 Euayknem에 속한다.

거골은 짧고 넓어서 약간 낮고, 염전이 비교적 약하다. 활차도 비교적 짧고 넓어서 내연은 외연보다 높으며, 경편의각은 비교적 작고 절거돌기의 돌출은 중등도이다. 후관절면은 좁고 길며 만곡이 약하고 체축에 대한 기울기가 약하다. 투자골의 관절면은 높고 넓다. 주상골의 비골 끝은 경골 끝에 비해 많이 얇다.

2. 목양성 인골과 중국 및 조선 고분 인골과의 비교

비교 자료로서는 하세베가 보고한 대련 서공원 부근 패곽 인골의 남녀 두개(頭蓋) 및 여순 노철산 기슭의 조가둔 패곽 인골의 갑, 을 두개, 마찬가지로 하세베의 조선 경상북도 성주고분 인골의 두개 3개 및 기타, 기요노와 미야모토 두 사람이 보고한 금주 소북산(小北山)의 요시대 고분 인골의 두개 1개 등이 존재할 뿐이다. 전신을 비교할 만한 완전한 재료가 결여된 것을 유감으로 여긴다.

하세베에 의하면 대련 고분 인골은 오히려 현대 조선인에, 그리고 조가둔 고분 인골은 현대 중국인에 유사한 점이 강하다. 또 성주고분 인골은 현대 조선인과 차이가 없다고 한다. 그리고 기요노와 미야모토 두 사람에 의하면, 금주 고분인의 두개는 현대 북부중국인골과 큰 차이가 없다고 한다.

본 인골을 이상의 여러 고분 인골과 비교하자면, 두골에 있어서는 중요 계측, 각(角), 시수 등이 결여되었지만, 구개 장폭 시수는 금주 고분 인골보다 크고 조선 고분 인골보다 작다. 하악에 있어서는, 하악지의 후경이 강한 것은 대련 고분 인골과 공통되지만, 하악지 장폭 시수는 후자 및 성주고분 인골에 비하여 현저히 크다. 즉 하악지는 이들 양 인골에 비하여 현저하게 낮고 넓은 감이 있다. 성주고분 인골의 하악절흔은 본 인골에 비해 좁고 깊으며, 또 근부착부의 발달이 약한 점 등에 있어서 본 인골과 차이가 많다.

상박골 횡단면 시수는 조선 고분 인골(1.66.7)이 본 인골(72.7~81.0)에 비해서 현저히 작아서 전자가 편평도가 강하다. 경골체(脛骨體) 중앙부 횡단 시수는 본 인골(72.4~78.6)이 조선 고분 인골(1.64.3)에 비해 현저하게 크다. 즉 후자는 경골체의 편평함이 본 인골에 비해 매우 강하다.

이상과 같이 본 인골의 대련, 조가둔, 금주 고분 인골에 대한 관계는 비교 항목 부족으로 분명하지 않지만, 조선 성주고분 인골과는 상당한 차이가 있는 것이 대략 명확하다.

3. 목양성 인골과 중국 석기시대인과의 비교

중국 석기시대에 관한 최근의 성과로서, 주구점(周口店)의 Sinanthropus 및 내몽고 오르도스 지방 등에서 Licent 등에 의해 발견된 중국 구석기시대 인골이 있지만 이에 대해서는 아직 상세한 계측 수를 얻지 못했으므로 비교가 불가능하다.

중국 신석기시대 인골로는 본 유적과 가까운 관동주의 비자와 인골 및 Davidson Black이 보고한 앙소촌(하남) 및 사과둔(봉천), 감숙 등의 이른바 만석기시대인이 있다. 동씨의 이른바 조기 청동기시대인도 편의상 본 비교에서 논하고자 한다.

1) 비자와 인골과의 비교

두개에서는 겨우 하악골을 비교할 수 있는 데 그쳤다. 비자와 인골의 하악골은 굴강하고 짧고 넓으며 골체가 두껍다. 하악지는 짧고 넓으며 후경이 강하고, 근부착부의 융기가 현저한 점 등에서 본 인골의 특징과 일치한다.

쇄골도 양 인골 사이에 큰 차이가 없이 모두 섬세하고 만곡이 작지만, 상하의 편평도는 비자와인 쪽이 뚜렷한 편이다.

상박골은 본 인골 제3호, 제4호가 비자와인보다 길고, 제2호는 짧다. 본 인골의 상박골 장후 시수는 비자와인에 비해 현저하게 작다. 골간 횡단 시수는 비자와인의 우측이 본 인골에 비해 작고 좌측은 매우 커서 좌우 차이가 극히 현저한 데 반해, 본 인골은 이 점이 없다. 과체각은 비자와인의 좌측과 일치한다. 비자와인의 상박골은 굴강하고 염전과 만곡이 강하지만 본 인골은 오히려 곧게 뻗어서 염전이 약하다. 단 장대하고 근부착부의 거침이 발달한 점은 양자가 유사하다. 비자와인에게서는 활차상공의 출현을 보지 못했다.

요골은 골체 횡단 시수에 있어서 본 인골이 비자와인골보다 작고 다른 차이는 없다.

척골(尺骨)은 오훼돌기 상관절면 폭 시수가 비자와인보다 큰 경향이 있다. 다만 후자의 제2호는 본 인골 제3호와 일치하고, 제4호와 큰 차이가 없다. 오훼돌기 상요측(上橈側) 관절면 시수는 비자와인보다도 훨씬 커서 동 관절면 전방의 협착이 약하다. 즉 이 점에 있어서는 비자와인 쪽이 원시적이다. 오훼돌기 폭후심 시수는 이와 반대로 비자와인이 현저하게 크다. 척골 상부 횡단 시수는 비자와인 제2호와 일치하며 제1호보다는 약간 크다. 그리고 척골이 장대하여 굴강하고, 골간즐 등 표면의 거침이 강하며, 주두돌기가 높고 주두가 광대하여 반월상절흔이 깊으며, 오훼돌기 상척골측 관절면에 대해 요골측 관절면이 현저하게 넓은 점 등, 여러 종류의 원시적 상태를 지니는 부분 및 그 정도에 있어서 양자는 강한 일치를 나타내는 것 같다.

추골은 비교 재료가 적지만, 골체가 광대한 점에 있어서 양자가 유사하다.

권골에서는 비구의 최대 지름이 비자와인보다 약간 작다. 다른 것은 비교 불명이다.

천골은 갑각이 비자와인보다 크다. 즉 갑(岬)의 전면 돌출이 약해서 원시적인 편이다.

대퇴골 중앙 횡단 시수에서는 제2호는 비자와인과 큰 차이가 없고, 제3호와 제4호는 더 크다. 상부 횡단면 시수는 비자와인보다 현저하게 크고, 두(頭) 횡단 시수는 양자가 유사하며, 경체각은 제2호가 비자와인과 일치하고, 제3호는 이에 비해 현저히 작다. 대퇴골이 장대하고 굴강하여 만곡이 약하며 근부착부 발육이 강한 점 등은 양자의 공통적인 성상으로 보인다.

슬개골이 높고 두꺼운 점은 양 인종이 공통적이다.

경골 중앙 횡단 시수 및 영양공 부분 횡단 시수는 비자와인의 변화 범위 내에 있다.

후부각 및 경사각은 비자와인보다 크다. 즉 본 인골은 비자와인골에 비해 상부의 후굴곡이 강하다. 뼈의 성상은 전체적으로 두껍고 강하며 곧게 뻗었고, 염전 및 근육부착면의 거침이 강한 점 등이 비자와인과 공통되지만 길이는 본 인골이 약간 길다.

비골 중앙 횡단 시수는 좌우 모두 비자와인보다 크다. 전체적 성상은 큰 차이가 없다.

거골 장폭 시수는 비자와인보다 작고, 장고 시수에서 제3호는 비자와인과 큰 차이가 없지만 제4호는 현저하게 작다. 활차 시수는 오히려 크다. 활차 장고 시수는 큰 차이가 없고 후근골 관절면 장폭 시수는 비자와인보다 약간 작은 것 같다. 후근골 관절면 편의각은 비자와인에 비하여 크지만 경편의각 및 염전각은 전체적으로 작다. 활차 내연이 외연보다 높은 점은 양자가 일치한다. 전체적으로 거골이 짧고 넓은 점도 비자와인과 같은 모양이다.

근골 장고 시수는 제1, 제2위 모두 비자와인보다 작고, 절거돌기 시수 및 후관절면 시수는 비자와인 보다 크고 융기 시수는 작다.

주상골 두께 시수는 제3호가 비자와인보다 크다. 제4호는 작고, 주상골의 비골측 끝이 비교적 얇은 점은 양자가 일치한다.

이상 본 인골과 비자와인골과의 비교를 보건대, 대부분 고대인이나 자연인이 공통적으로 지니는 원시적 특성을 가진다는 점에 있어서 양자가 유사한 점이 매우 많지만 현저한 차이가 없지 않다. 즉 본 인골 상박골의 염전이 약한 점, 천골갑의 돌출이 비교적 약한 점, 대퇴골 상부 횡단 시수가 비교적 큰 점, 경골 상부의 후굴강, 거골 후근골 관절면의 편의가 강하고 경편의가 약한 것 및 근골 절거돌기가 강한 것 등이 그것이다. 이 가운데 비자와인에 비하여 한층 원시적인 점과 원시성에서 보다 멀어진 점이 공존하는 것은 주목할 만하다.

2) Black이 보고한 중국 고분 인골과의 비교

Davidson Black은 앞서 사과둔 및 앙소촌에서 발견된 중국 고분 인골의 사지골(四肢骨) 및 구간 골에 대한 인류학적 연구를 발표한 후, 이들 인골에 다른 인골을 더해서 다음과 같은 편년(編年)을 행하여 각 시기 인골의 두개골에 대한 조사 숫자를 발표했다.

· 청동기시대 및 동기시대(Early Bronze Age and Copper Age)

⑥ Sha Ching Stage(감숙) ♂14,

⑤ 사와(寺窪) 시기(감숙) ♂4, ♀4,

④ 신점(辛店) 시기(감숙) ♂10, ♀2,

· 만석기시대(Aeneolithic Age)

③ 마창(馬廠) 시기(감숙) ♂3,

② 앙소(仰韶) 시기(감숙) ♂27, ♀10,

(하남) ♂6, ♀4,

· 신석기시대 말기(Late Neolithic Age)

① 제가(齊家) 시기(감숙) 미채집 유해

따라서 사지골 등을 비교하는 데 있어서는 앙소, 사과 두 곳의 인골을 각각 따로 비교하지만, 두골을 비교할 때에는 양자를 동시에 다루기로 한다. 다만 두골의 비교 개소가 다음과 같이 매우 근소함을 유감으로 한다.

뇌두개는 대후두공 폭이 만석기시대인과 청동기시대인 모두 본 인골과 큰 차이가 없고, 안면 두개에서는 상악 치주 시수가 이들 두 인종에 비해 본 인골이 작고, 구개 장폭 시수 또한 약간 작다. 구개 높이는 양자 사이에 큰 차이가 없는 것 같다. 하악 과상돌기간 폭은 두 인종에 비해 약간 크다. 즉 본 인골의 두개는 중국 만석기시대인 및 조기 청동기시대인에 비해 안면이 비교적 낮고 구개가 넓으며 하악 또한 약간 넓고, 이에 반해 상악 치조 폭은 약간 좁다는 점에 작은 차이가 있다.

상박골간 횡단 시수는 제3호는 사과둔인, 앙소인보다 크고, 제4호는 앙소인 ♂보다 작고 사과둔인에 가깝다. 상박골 길이는 큰 차이가 없다.

천골갑각은 양 석기시대인과 큰 차이가 없지만, 오히려 사과둔인에 보다 가깝다.

대퇴골 중앙 횡단시수는 사과둔인 및 앙소인보다 크지만 오히려 후자에 가깝다. 상부 횡단 시수는 제3호, 제4호 인골은 사과둔인 및 앙소인보다 커서 Eurymer에 속하고, 제2호는 사과둔인, 앙소인에 근사하여 모두 Platymerie에 속한다. 즉 본 인골은 전체적으로 양 인종보다 약간 원형을 띤다. 슬개골은 높이와 두께 모두 앙소촌인과 사과둔인의 중간에 위치한다. 양 인종에 대한 차이는 거의 같은 정도이다.

경골 중앙 횡단 시수는 이들 양 인종보다 커서 전부 Euryknem에 속하며, 양 인종은 Mesoknem에 속한다. 비골은 사과둔인 및 앙소촌인에 비교 재료가 없는 탓에 차이가 명확하지 않다. 거골은 양 인종에 비해 짧고 넓어서 낮고, 그 장폭과 장고의 관계는 앙소촌인보다 사과둔인에 근사하다. 활차 길이 시수는 양 인종보다도 약간 크고, 활차 시수는 사과둔인보다 크고 앙소인보다는 작다. 즉 활차 폭은 사과둔인보다 넓고 앙소촌인보다 좁다. 거골 길이에서는 제4호가 양 인종보다도 활차가 약간 길고, 제1호 인골은 짧다. 근골은 사과둔인 및 앙소촌인보다도 길고 높아서, 후관절면은 양자의 대략 중간에 위치하며, 사과둔인보다 크고 앙소촌인보다 작다. 즉 넓고 짧다.

이상 목양성 인골을 Black 보고한 중국 고대 인골과 비교하건대, 여러 점에서 작은 차이가 있지만 그 정도가 반드시 이와 비자와인골의 차이에 대해 일정한 관계를 지니지는 않는다. 예를 들면 상박골간 횡단 시수는 이들 중국 석기시대 3인종 중 오히려 비자와인에 가깝고 다른 2인종에는 거의 같은 정도로 멀며, 천골갑각은 3인종 중 오히려 사과둔인에 가장 가까워서 비자와인과는 가장 멀고, 대퇴골체 중앙 횡단 시수는 실로 이와 정반대의 관계에 있다. 같은 상부 횡단 시수는 3인종 모두 같은 정도로 멀고, 경골체 중앙부 횡단 시수는 다른 2인종보다는 오히려 비자와인에 가깝고, 다른 2인종과는 대략 같은 정도로 떨어져있다. 거골 장폭 시수는 사과둔인에 가장 가깝고 비자와인과 가장 멀다. 장고 시수는 이와 정반대의 관계가 된다. 활차 길이 시수는 오히려 비자와인에 가장 멀고 다른 2인종과는 대략 같은 정도로 가깝다. 활차 시수는 앙소인과 가장 가깝고 비자와인에 가장 멀다. 근골 길이 시수도 마찬가지로 비자와인에 가장 멀고 다른 2인종과는 동일 정도로 가깝다. 후관절면 시수는 오히려 비자와인에 가깝고 다른 2인종에서 멀며, 그중 앙소인에 비교적 멀다. 이상을 통람하건대, 본 인골은 중국 석기시대 3인골과는 특히 그 어느 것에 가깝고 어느 것과 멀다고 할 수 없는 관계에 있다. 비교적 원시적 성상을 지니는 점에 있어서는 4건이 공통점이 많은 것 같다.

4. 목양성 인골과 현대 주위 인종과의 비교

현대 주위 인종으로는 북부중국인과 조선인 등을 들 수 있다.

1) 현대 북중국인과의 비교

상악 치조 시수 및 구개 장폭 시수는 석기시대인보다 오히려 현대 북중국인에 가깝고, 구개 높이 시수는 후자보다 약간 작다.

하악 장폭 시수는 현대 북중국인에 비해 매우 작고 하악지 시수는 이에 반해 현저히 크다.

치궁 시수는 북중국인보다 크다.

쇄골 횡단 시수는 석기시대인보다 현대 북중국인에 가깝다.

견갑골 관절와는 현대 북중국인보다 폭이 비교적 크다.

상박골간 횡단 시수는 변화가 크지만, 제3호 인골은 북중국인보다 크고 제4호는 작으며, 일반 중국 석기시대인은 현대 북중국인과 큰 차이가 없다. 과체각은 북중국인보다 작다. 그 차이는 비자와인과 같은 정도이다. 염전각은 현대 북중국인과 대략 일치한다.

요골간 횡단 시수는 현대 북중국인에 비해 현저히 작은데, 이 점은 오히려 비자와인 쪽이 후자에 가깝다.

척골 오훼돌기 상관절면 시수는 현대 북중국인이 훨씬 작고, 비자와인의 어떤 것은 이에 근사하다. 척골 상요측 관절면 시수는 현대 북중국인보다 작지만 비자와인보다는 오히려 이에 가깝다.

천골갑각은 오히려 현대 북중국인에 가깝고 석기시대와는 멀다.

대퇴골체 중앙부 횡단 시수는 북중국인보다 약간 커서 오히려 비자와인에 가깝고, 상부 횡단 시수도 역시 북중국인에 비해 큰데, 석기시대인과 비교했을 때와 동일 정도로 크다.

슬개골이 현대 북중국인보다 장후한 정도도 앞과 같다.

경골 중앙 횡단 시수는 석기시대보다 오히려 현대 북중국인에 가까워서 이보다 약간 크다.

거골 장폭 시수는 현대 북중국인과 유사하고 석기시대인보다 작다. 장고 시수는 제4호가 북중국인과 유사하고, 제3호는 비자와인에 가깝다. 그리고 다른 석기시대인은 오히려 현대 북중국인에 가까운데, 활차 길이 시수는 모두 큰 차이가 없고 활차 시수는 현대 북중국인에 가장 가까우며, 근골 장고 시수도 현대 북중국인 및 석기시대와 큰 차이가 없다. 후관절면 시수는 제4호가 현대 북중국인에 가깝고 제3호는 비자와인에 가깝다. 다른 두 석기시대인은 오히려 현대 북중국인에 가깝다.

이상 목양성 인골은 현대 북중국인과 여러 점에서 차이가 있지만 중국 석기시대인보다는 오히려 가까운 관계에 있고, 마찬가지로 현대 북중국인은 다른 중국 고대인골보다는 본 인골과 가까운 관계에 있는 것 같다.

2) 현대 조선 인골과의 비교

현대 조선 인골의 비교 재료는 고가네이가 보고한 수 건의 예가 있을 뿐으로 매우 불충분하다.

두개에서는 구개 시수가 다른 인종에서보다 현대 조선인에 비해 크다.

상박골간 횡단 시수, 대퇴골체 중앙부 횡단 시수 및 상부 횡단 시수도 앞과 같은 관계이다.

비골 중앙 횡단 시수는 현대 조선인보다도 오히려 비자와인에 가깝다. 그 외 나머지 골부에 대해서는 비교 재료가 결여되었다. 즉 이상의 몇 곳에 대한 비교를 얻은 데 지나지 않지만, 본 인골과 조선 인골은 다대한 거리가 있다는 점을 나타내는 것이라고 할 수 있다.

이상의 비교 결과를 고찰하건대, 목양성 인골은 형태학상 주위 고분 인골과의 관계가 약간 불명확하지만 조선 고분 인골과는 현대 조선인과 마찬가지로 현저한 차이가 있어 오히려 인종 관계를 달리하는 듯하다. 중국 석기시대인과는 많은 유사점이 있지만 비자와, 앙소, 사과둔 3인종의 어느 것에 특히 더 가깝다고 할 만한 관계는 증명하지 못했다. 현대 북중국인과는 비교적 유사성이 강하고, 그 정도가 중국 석기시대인보다도 오히려 밀접한 것 같다. 즉 본 인골은 고대 인골 특유의 여러 원시성을 구비하고 있는 점에서 중국 석기시대인과 강한 일치를 보이지만, 이들 석기시대보다 한발 더 현대 북중국인에 가깝다.

따라서 이를 현대 북중국인 발생의 근원을 살피는 한 요소로 부가하는 것이 결코 불합리하지는 않을 것이다. 또 중국 석기시대인이 과연 본 인골의 근원에 놓일 것인가 아닌가에 대해서는 강하게 긍정할 만한 재료가 없지만, 그렇다고 전혀 부정할 만한 재료도 없다. 오히려 그리 생각하는 것이 현대 북중국인 발생에 대한 설명으로서 적어도 매끄럽다고 볼 수 있다. 다만 이상의 고찰은 훗날 같은 지방 고대 인골에 대한 다수의 발견과 조사를 거쳐서 비로소 결정되어야 할 것에 속한다. 그날이 다가오기를 바라며, 지금은 부족한 재료로 인한 이상의 미흡한 결론에 만족할 뿐이다.

주요 문헌

1. Black D. The human skeletal remain form the Sha Kuo T'un cave deposit in comparison with those from Yang Shao Tsun and with recent north China skeletal material.(Palaeontologia Sinica Serie D. Vol.1. Fascicle 3, 1925)

2. Black D. A Sutudy of Kansu and Honan aeneolithic skulls and specimens from later Kansu praehistoric sites in comparison with north China and recent Crania. (Palaeontologia Sinica. Ser. D. Vol.VI. Fascicle 1, 1928)

3. Haberer, Schädel und Skelette aus Peking, 1, 1902. Jena.

4. 長谷部言人, 「貝櫟古墳の頭蓋に就いて」, 『東京人類學雜誌』第25卷, 第26卷, 1910.

5. 長谷部言人, 「星州古墳人骨調査」, 『朝鮮總督府 大正7年度 古蹟調査報告』第1冊, 1922.

6. 清野謙次·宮本博人, 「滿州金州城外小北山に於て發見せられたる遼時代古蹟の一頭蓋骨に就いて」, 『東洋醫學雜誌』第1卷 第2號, 1923.

7. 清野謙次·金關丈夫, 平井隆, 「關東州貔子窩遺跡より發掘せる人骨に就きて」, 『貔子窩』(東方考古學叢 第1冊) 附錄, 1929.

8. Koganei, Y. Ueber vier koreaner Schädel. Mitteil. med. Fak. Univ, Tokyo. Bd. 1. Heft 2. 1888.

9. Koganei, Y. Kurze Mitteilung über Messungen an Männlichen chinesen Schädeln. Internat. Centralbl. f. Anthrop. u. Verwandte Wiss. 7 Jahrg. 1902.

10. Martin, R. Lehrbuch der Anthropologie I Aufl. 1914. Jena.

11. 三宅秀夫, 「支那人骨格の人類學的研究(其一, 上膊骨)」, 『南滿醫學會雜誌』第10卷, 1922.

12. 三宅秀夫, 「支那人骨格の人類學的研究(其二, 前膊骨)」, 『南滿醫學會雜誌』第12卷, 1924.

13. 中野鑄太郎, 「北京及庫倫にて得たる頭蓋骨の統計」, 『十全會雜誌』第25卷, 1920.

14. Reicher, Untersuchungen über die Schädelform der alpenländischen und mongolischen Brachykephalen Zeitschr. f. Morph. u. Anthrop. 1913. 14, Bd. 15-16.

15. 劉曜曦, 「支那人の骨盤に就いて」, 『南滿醫學會雜誌』第12卷, 1923.

기요노 겐지(清野謙次)

가네사키 다케오(金關丈夫)

세키 마사노리(關政則)

목양성지와 마주보는
산동성 복산현 부근의 고성

중국인이 옛부터 육로로 남만주에 이주해온 것은 문헌과 유물 양 방면으로 보아 알 수 있는 바이지만, 그와 동시에 묘도 열도(廟島列島)를 연결고리로 하여 지척에 위치한 요동반도와 산동반도 사이에도 밀접한 교섭이 있었음을 추측할 수 있다.[1] 다음에 기술하는 산동성(山東省) 복산현(福山縣) 부근의 한대(漢代) 고성지는 우리가 1930년 봄 우연히 발견하여 잠깐 답사한 것에 지나지 않으나, 여전히 한대의 사정을 말해주기에 충분한 점이 있다고 생각된다.

복산현의 서쪽 약 30리(중국 리)에, 삼십리보(三十里堡)[2]라 불리는 촌락이 존재하는데, 그 남쪽에 접하여 지부(芝罘)에서 봉래현(蓬萊縣), 용구(龍口) 등을 거쳐 유현(濰縣)에 이르는 큰 가도가 뻗어 있다. 남쪽으로 뻗어온 산자락은 완만한 경사의 끝이 이 가도로 이어지며, 가도의 북쪽은 한층 낮아져서 촌락을 지나면 바로 해변에 이르게 된다. 고성은 이 산등성이의 약간 높은 구릉 위에 위치하여 초원(招遠), 서하(棲霞) 등의 산봉우리를 바라보는 풍경이 뛰어난 땅을 차지하고 있으며, 동서 약 2정, 남북 약 1정 남짓의 장방형 윤곽으로 토벽이 남아 있다(도판 1-1). 동서의 양벽은 산의 경사에 따라 북쪽으로 낮아지므로 남벽은 북벽에 비해 현저히 높다.

....

1) 산동성 용구(龍口) 부근 패총에서 출토된 토기가 남만주 비자와 및 여순 부근에서 발견되는 것과 유사한 것은 석기시대부터 산동반도와 요동반도의 교섭이 밀접했다는 것을 말해준다.
   駒井和愛, 「山東省黃縣龍口附近貝塚に就いて」, 『東方學報』(東京) 第1冊, 1931 참조.
2) 이 삼십리보 촌락은 또한 고현(古縣 혹은 古現)으로도 불리고 있다. 대개 부근에 고성이 있기 때문일 것이다.

토성의 내부는 현재 밭지역으로 경작되고 있는데 그 중앙부는 급격한 홍수의 침식작용으로 인한 것인지 현저히 저하되어 있다. 이 중앙으로 모여든 빗물은 깊은 고랑을 만들어 토벽의 서북 구석을 가르며 서북쪽으로 유출된다. 빗물의 침식작용으로 인해 자연히 생긴 고랑의 단면에는 지표하 약 2척 지점에 두께 약 2척의 층을 이루며 유물이 포함되어 있다. 그 하층은 화강암질의 풍화된 토양과 쇄석으로 적갈색을 띠고 있는데 어떤 유물도 포함되어 있지 않았다(도판 1-2). 유물 포함층은 흑갈색 흙으로 이루어졌고 평와의 잔편이 깊숙이 포함되어 있었으며 종종 와당, 문전(文甎)의 파편도 혼재되어 있었으나 토기의 단편은 극히 근소했다. 이 종류의 유물은 토성의 안팎에 걸쳐 산포되어 있는 것으로 그 성질도 완전히 같았다.

토벽 안에도 같은 성질의 와편과 토기 파편이 약간 포함되어 있었으나 극히 소소한 단편뿐이었다. 토성의 서쪽에도 고분으로 인정되는 것이 몇 기 존재했는데, 이 또한 아마 같은 시대의 전묘(甎墓)에 속하는 것으로 여겨진다.

본 토성에서는 석기시대 유물은 발견되지 않았고 고전(古錢)이나 동촉 등의 출토도 없었지만, 채집한 토기 및 와전의 단면은 모두 한대의 유물인 것이 명백하다. 다음에 이들 토기 잔편 및 와전에 대해 일별한다.

a. 토기 잔편

성지의 안팎에 흩어져 있는 토기 잔편은 모두 한식에 속하며 물레를 사용한 흔적을 지닌 것인데 기형을 복원할 수 없을 정도로 작은 것들뿐이었다. 호형 토기의 잔편이 가장 많았다. 유흑색을 띠며 구연에 승흔이 찍혀 있는 것은 목양성지에서도 출토된 것으로, 같은 유흑색을 띤 발형 토기, 두형 토기의 잔편과 함께 한식 토기의 전형적인 것으로 여겨진다. 그 외 적갈색 또는 유청색을 띠고 활석 입자를 함유한 옹형 대토기의 잔편도 발견되었는데, 이 또한 한식 토기에서 보편적으로 보이는 수법을 나타내고 있다. 또 유청색을 띠고 활석 입자를 함유한 옹형 토기로 견부에 끈걸이 파수가 있는 것도 2개 채집되었다(도판 2).

b. 와당 잔편

1) 회색을 띠며 직경 5촌 5푼으로 측정된다. 중앙에 지름 1촌의 반구형을 두고, 이를 에워싸는 2줄의 원륜(圓輪)이 있고, 이와 둘레 가장자리 사이를 각종 선으로 4등분하여 각 구역에 궐수문을 배치했다. 이 종류의 와당은 조선 평안남도 한의 낙랑군치터[3]를 비롯하여 많이 출토되는 것으로, 한대의 유물인 점이 명백하다(도판 3-2).

---

3) 關野貞 外, 『樂浪郡時代の遺跡』 圖版 下冊, 朝鮮總督府, 1927 참조.

2) 성지의 고랑벽에 포함되어 있던 것으로 흑색을 띠고 지름은 약 6촌이다. 궐수문의 일부와 그 사이에 배치된 주문(珠文)을 남기고 있을 뿐이다. 낙랑군치터에서 출토된 것[4]과 비교하면 중앙에 지름 1촌 남짓한 반구형이 있고, 이를 중심으로 2개씩 총 4개의 궐수문이 있는 것을 살필 수 있다(도판 3-3).

c. 반와당 잔편

회색을 띠는 극히 작은 단편인데, 단순화된 수형(樹形)의 끝부분이 남아 있다. 수형을 중앙에 드러 내고 그 좌우에 문자 혹은 동물문 등을 배치한 반와당의 일부인 것으로 추측된다. 이 종류의 와당은 목양 성지에서는 장락미앙(長樂未央) 등의 길상문을 표기한 것이 출토되었고, 또 산동성 임치현(臨淄縣) 북쪽의 고성지에서는 동물문을 배치한 것이 발견되어 있다(도판 3-1).

d. 평와 단편

유흑색을 띠며 외면에 승문을 찍고 그 사이에 가로줄의 요문(凹文)을 배치한 것과, 같은 유흑색에 외면에 아코디언식의 철조대(凸條帶)를 겹치고 있는 것이 있다. 모두 목양성지에서도 출토된 한식 평와 의 전형적인 것으로 여겨진다(도판 3-12~15). 평와의 이면은 무문인 것이 많으나, 거친 포목(布目)을 찍은 것이 출토된 점도 목양성지와 마찬가지이다(도판 3-16).

e. 환와 단편

환와에는 그 두부가 이와 연결되는 다음 환와의 저부를 받기 위래 한단 낮게 제작되는 것이 있는데, 이 와편에도 이런 제작이 잔존하고 있어 환와의 일부임을 보여준다. 두께 3푼으로 산정되며 표면에는 가는 종선(縱線)이 전면에 나타나 있고 이면에는 포목이 찍혀 있다. 이 종류의 환와는 목양성지와 낙랑군치에서도 발견되어 있다(도판 3-17).

f. 방전(方甎) 잔편

1) 성지의 남쪽 구석에서 채집되었으며, 회색을 띠는 두께 9푼의 잔편이다. 표면에는 비스듬히 교차되는 6푼 폭의 선을 그어 그 사이에 대바구니를 엮듯 일종의 철선문(凸線文)을 중첩시키고 있다. 아마 사방 6촌의 크기를 지닌 것이었을 것이다. 그리고 표면에는 전체에 주(朱)를 바른 듯한 흔적이 존재하는 것으로 볼 때 분묘의 상부(床部)에 사용되었을 것이다(도판 3-4).

2) 토성 북벽 바깥의 밭 지역에서 발견되었으며, 유회색을 띠고 표면에 사선으로 교차된 조문(條文)

---

4) 앞의 도판 참조.

이 나타나 있다. 두께 1촌 6푼으로 측정되며, 대개 6촌 남짓한 방전이었다고 추측된다. 가옥 또는 분묘의 바닥에 깔려 있었을 것이다(도판 3-5).

g. 장방전(長方甎) 잔편

성지의 안팎에 많이 산포되어 있었으며, 모두 유흑색을 띠고 그 측면에 마름모형 등의 기하학문이 나타나 있다. 이 종류의 장방전은 목양성지 부근 및 조선의 낙랑군 유적과 그 외의 한대 전묘에서 많이 발견되어 있으며, 주로 묘실의 벽면에 사용되었던 것이다. 본 성지에서는 앞의 와당과 함께 고랑벽에 포함되어 출토된 것도 있으므로, 가옥의 벽면에 사용되었던 것도 있는 듯하다[5](도판 3-6~11).

이상 서술한 바와 같이 이 고성지는 토성의 크기와 유물에 의해 한대의 현치터로도 볼 수 있는 것이다. 『태평환우기(太平寰宇記)』권20에는 「봉래현조(蓬萊縣條)」에 이 고성을 한대의 모평현(牟平縣)으로 비정하여, "모평 고성은 한나라 때에 현을 만들어 여기에서 다스렸는데, 현(봉래현)의 동남쪽 90리에 있는 고성이 이것이다(牟平故城漢爲縣理於此在縣東南九十里故城是也)"라고 기록되어 있다. 후세의 중국 학자들[6]도 또한 이에 따르고 있으나, 명확하게 증거할 만한 당대의 문헌이 아무것도 존재하지 않으므로 이 설에 바로 찬성하는 것은 불가능할 것이다. 다만 발해를 사이에 두고 마주하는 목양성지와 이 성지가 자못 유사한 성질을 보이고 있는 점을 기술해두는 것으로, 한대의 요동반도와 산동반도 사이에 밀접한 교섭이 있었던 점을 추측할 수 있다면 족하겠다.

미즈노 세이이치
고마이 가즈치카
에가미 나미오

....

5) 세키노는 낙랑군치터에서 많이 출토되는 이 종류의 장방전에 대해 당시 토성 내에 존재한 관아와 민가의 벽 등을 축조하는 데에 사용된 것이 틀림없다고 보고 있다. 『樂浪郡時代の遺跡』, 앞의 책, p.42 참조.
6) 『산동통지(山東通志)』, 『봉래현지(蓬萊縣志)』 및 고조우(顧祖禹)의 『독사방여기요(讀史方興紀要)』 등이 모두 이에 따르고 있다.

도 판

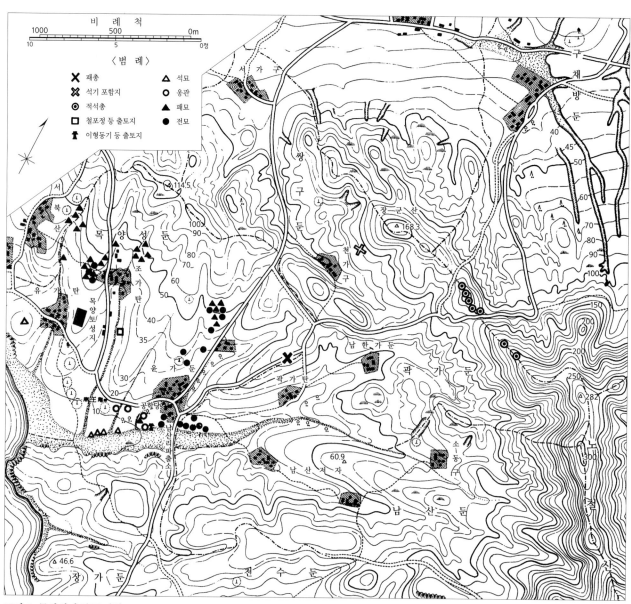

도판 1. 목양성지 부근 지형도

172   목양성 牧羊城

도판 2. 목양성지 부근 유적 분포

비 례 척
평면 및 횡단면
0 10 20 30 40 50   100척

0   10   20   30   40   50척
종단면

도판 3. 목양성지 실측도

1.
남벽 외관

2.
남벽 동쪽 끝

3.
남벽 서쪽 끝

도판 5. 목양성지 1

1.
서벽 외관

2.
서벽 일부

도판 6. 목양성지 2

1.
서벽 내관

2.
서벽 일부

도판 7. 목양성지 3

1.
동서 고랑

2.
남북 고랑

도판 8. 목양성지 발굴 1

1.
고랑 벽내 와편 등이
포함된 상태

2.
같음

도판 10. 목양성지 발굴 3

도판 11. 목양성지 발굴 4

도판 12. 목양성지 발굴 5

1.
동벽 절단

2.
서벽 절단

도판 13. 목양성지 발굴 6

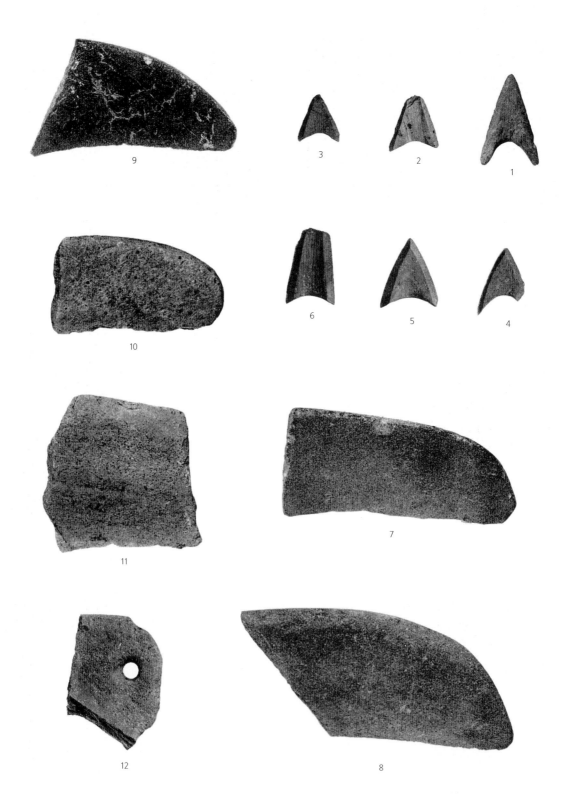

1~6. 석촉, 7~12. 석도

도판 14. 목양성지 발견 석기 1

1~8. 석부, 9~11. 석추

도판 15. 목양성지 발견 석기 2

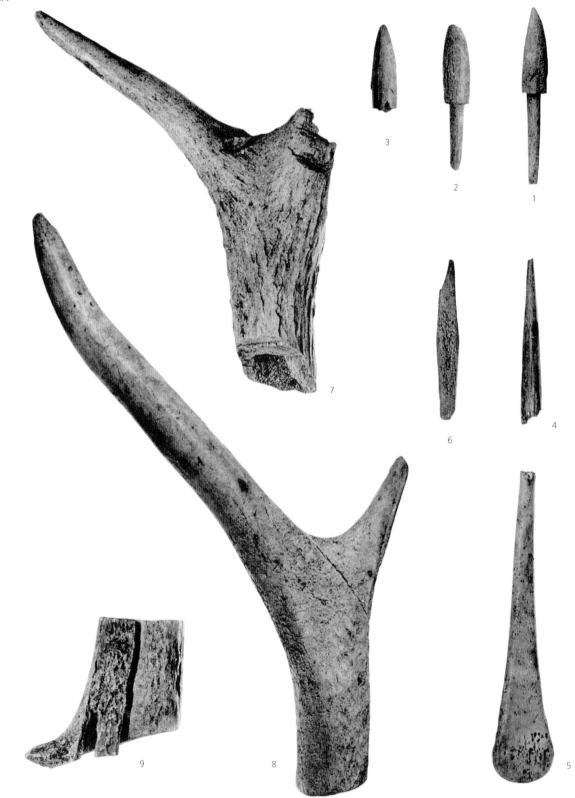

1~3. 골촉, 4~6. 골침, 7~9. 녹각 가공품

도판 16. 목양성지 발견 골각기

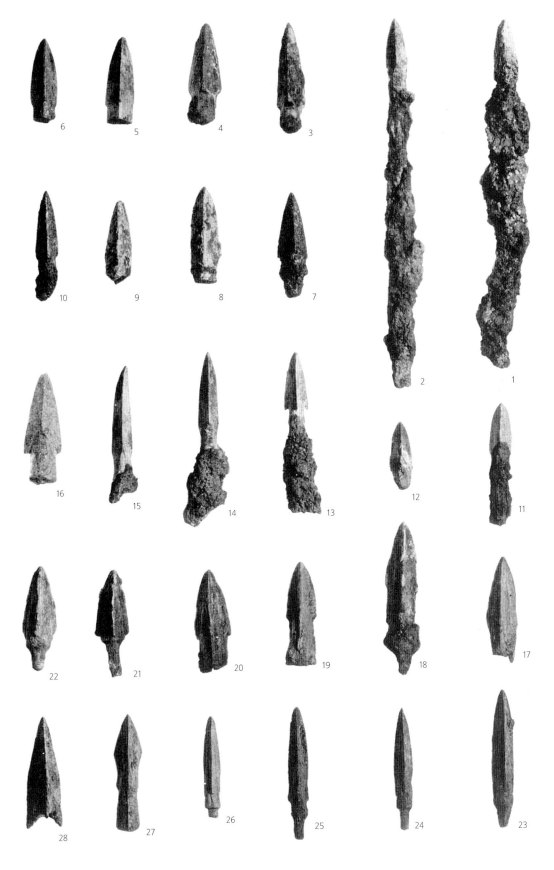

도판 17. 목양성지 발견 동촉

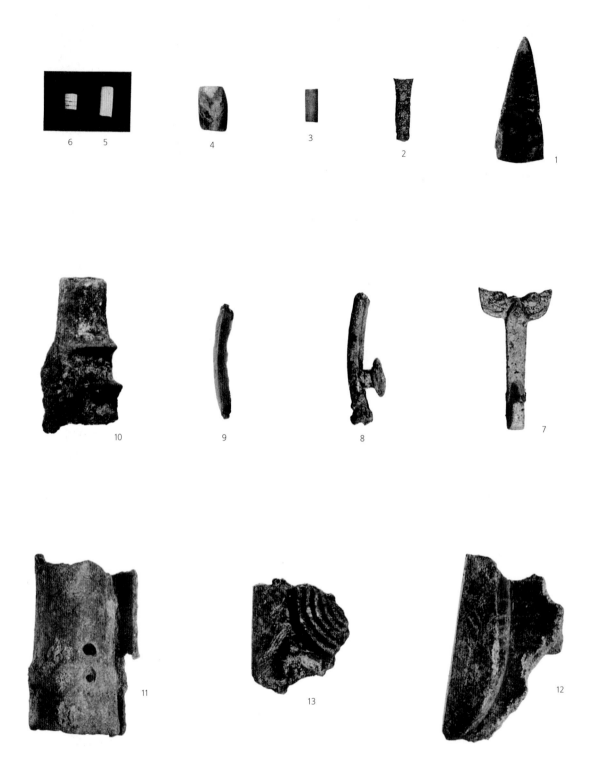

1. 옥제품, 2. 유리제 이당, 3~4. 석제 관옥, 5~6. 골제 관옥, 7~8. 동제 대구, 9. 동구 잔편, 10. 동제 활고자, 11. 동제 창고달 잔편, 12~13. 석제 거푸집

도판 18. 목양성지 발견 동제 거푸집 및 장옥류

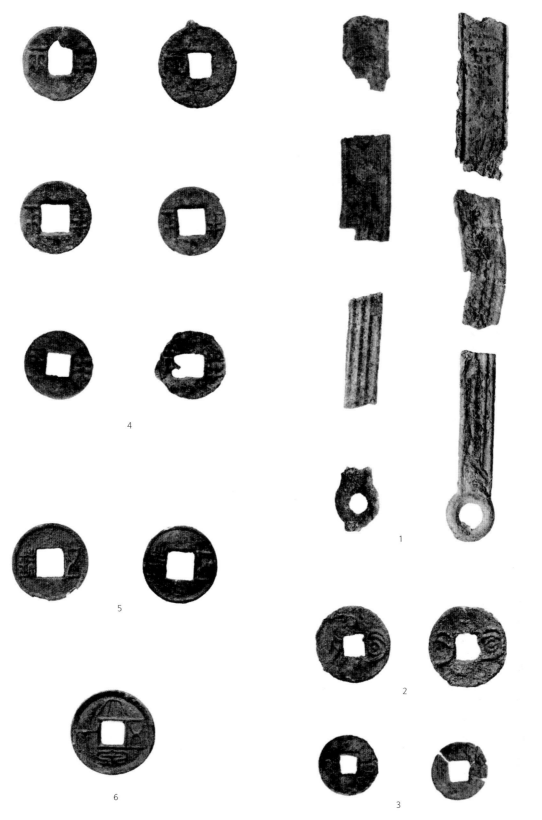

1. 명도, 2. 명도원전, 3. 일도전, 4. 반냥, 5. 오수, 6. 대천오십

도판 19. 목양성지 발견 천화

1/1

2

1

3

5

4

7

6

1~5. 철촉, 6~8. 철제 도자 및 잔편

도판 20. 목양성지 발견 철기 1

8

190　목양성 牧羊城

1~7. 철부

도판 21. 목양성지 발견 철기 2

1/2

제1부류 토기 구연부 잔편

도판 22. 목양성지 발견 토기 잔편 1

1~15. 제1부류 토기 구연부 잔편, 16~28. 제1부류 복부 잔편

도판 23. 목양성지 발견 토기 잔편 2

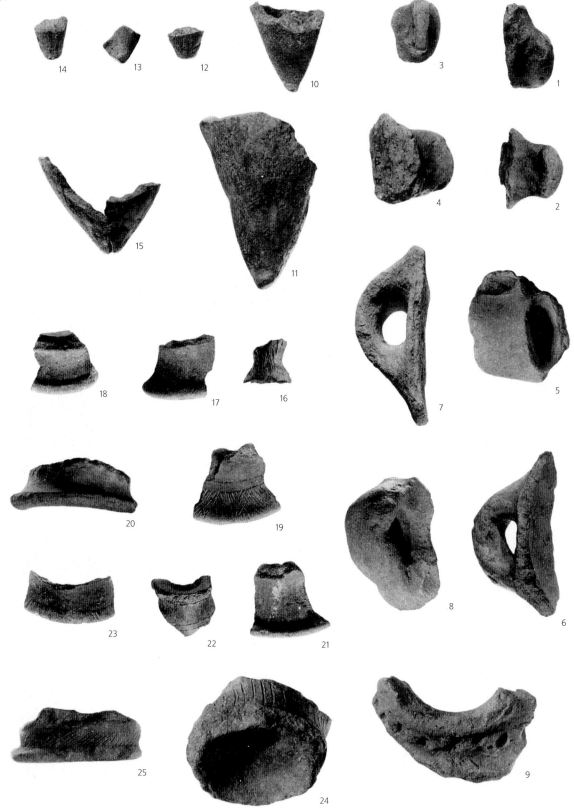

1/2

1~8. 제1부류 토기 파수, 9. 제1부류 솥[鬲] 복부 잔편, 10~15. 제1부류 솥 저부 잔편, 16~25. 제1부류 고대부 잔편

도판 24. 목양성지 발견 토기 잔편 3

1/2

제1부류 토기 저부 잔편

도판 25. 목양성지 발견 토기 잔편 4

1/2

제2부류 토기 구연부 잔편

도판 26. 목양성지 발견 토기 잔편 5

1~13. 제2부류 토기 구연부 잔편, 14. 제2부류 복부 잔편, 15~16. 제2부류 저부 잔편

도판 27. 목양성지 발견 토기 잔편 6

1/2

15 14 8 1

17 16 9 2

18 3

19 10 4

20 11 6 5

21 12 7

13

1~7. 제2부류 토기 고배 잔편, 8~21. 제2부류 고배 복부 잔편

도판 28. 목양성지 발견 토기 잔편 7

1/2

제3부류 토기 구연부 잔편

도판 29. 목양성지 발견 토기 잔편 8

1/2

13

8

1

2

3

4

5

6

7

14

9

15

10

11

12

제3부류 토기 구연부 잔편

도판 30. 목양성지 발견 토기 잔편 9

1/2

1~11. 제3부류 토기 구연부 잔편, 12~16. 제3부류 복부 잔편, 17. 제3부류 저부 잔편

도판 31. 목양성지 발견 토기 잔편 10

1~3. 석제, 4~5. 와제, 6~12. 와제 방추차 미성품

도판 32. 목양성지 발견 방추차

1

2　　　　　　　　　　　3

1. 낙앙문자명 반와당, 2. 장문자 반와당, 3. 쌍마문 반와당

도판 33. 목양성지 발견 와당 1

1

3

2

4

1~4. 궐수문 와당 잔편

도판 34. 목양성지 발견 와당 2

1

2

3

4

도판 36. 목양성지 발견 벽돌 잔편

도판 39. 제1호 패묘 발견 토기

도판 40. 목양성지 부근 패묘3

도판 43. 목양성지 부근 패묘5

도판 44. 목양성지 부근 패묘6

도판 45. 제5호 패묘 발견 토기

1

3

5

1.
제6호 패묘
(이례)
조망

2.
제6호 패묘
유물 존치
상태

도판 46. 목양성지 부근 패묘7

216　　목양성 牧羊城

도판 47. 제6호 패묘(이례) 발견 토기 및 유리제 이당

1.
제7호 패묘

2.
제7호 패묘
유물 존치
상태

도판 48. 목양성지 부근 패묘8

도판 50. 무령성지 부근 석묘 조망
1. 제1호 석묘
2. 제2호 석묘
3. 제3호 석묘

도판 51. 목양성지 부근 석묘1

1.
내부

2.
유물 출토
상태

도판 52. 제1호 석묘

7

8

10

9

도판 53. 제1호 석묘 발견 토기

3

2

1

6

5

4

1.
제3호 석묘
단면 노출
상황

2.
제3호 석묘
발굴 후

도판 54. 목양성지 부근 석묘2

←1

←2

도판 55. 제3호 석묘 발견 유물 존치 상태

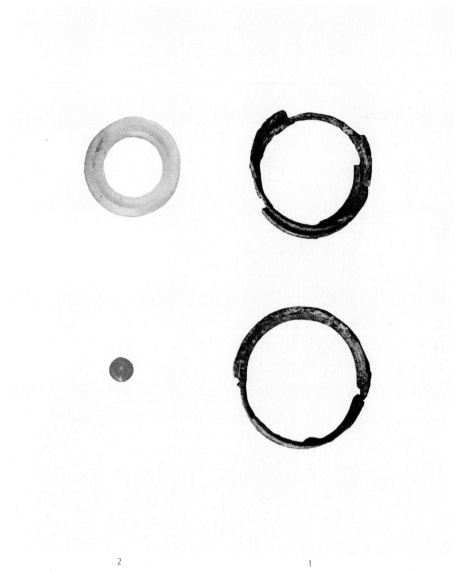

1. 동천, 2. 마노환, 3. 마노환옥

도판 56. 제3호 석묘 발견 유물

1.
제1호 옹관

2.
제2호 옹관

도판 58. 목양성지 부근 옹관2
1. 제3호 옹관 조망
2. 제4호 폐묘 조망

1.
옹관 일부
노출 상태

2.
제3호 옹관
발굴 상태

1.
조망

2.
유물 포함
상태

도판 61. 목양성지 부근 즐주묘

3

4

2

1

1. 동검, 2. 동제 검병, 3. 동부, 4. 동촉

도판 62. 즐주묘 발견 유물

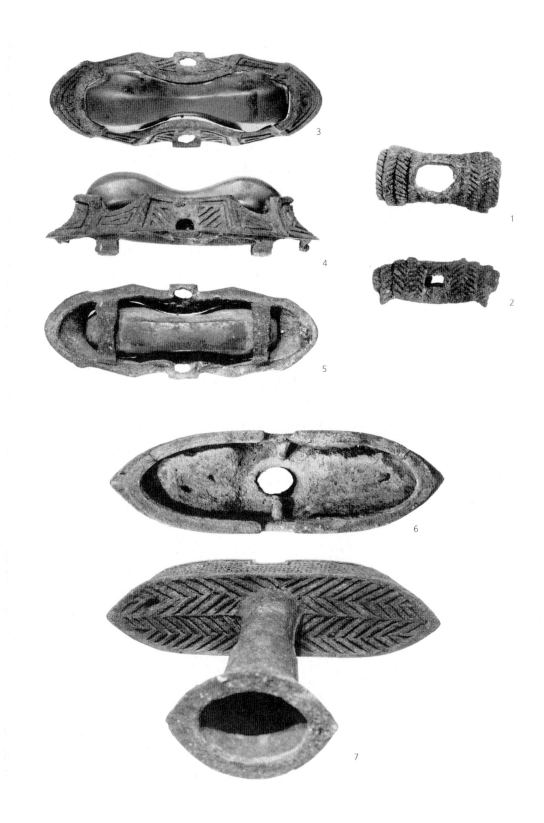

도판 63. 즐주묘 발견 검병 각부

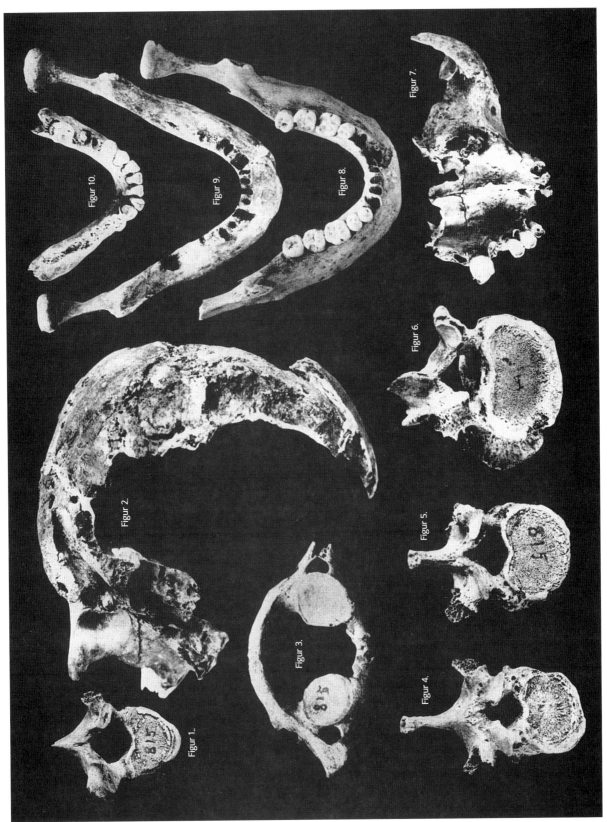

부록 1 도판 1. 목양성 부근 고묘 발견 인골

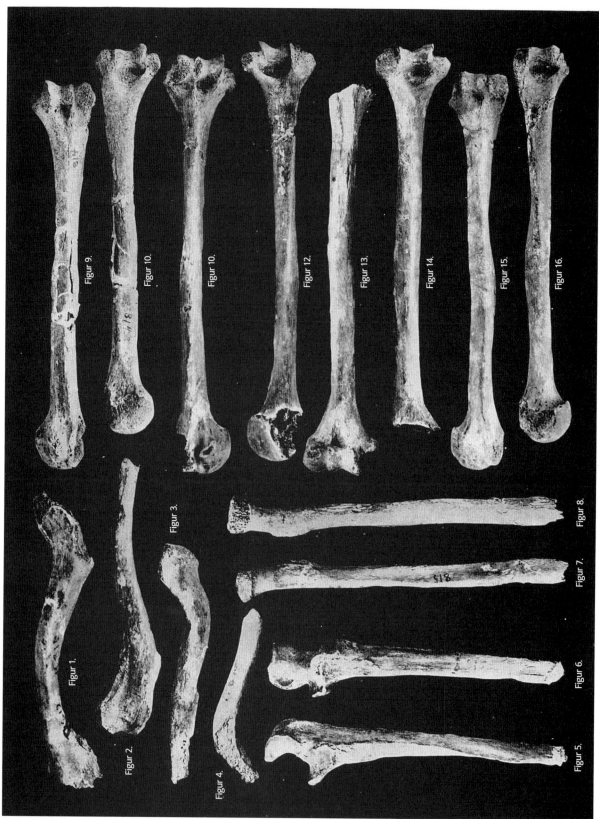

Figur 9.

Figur 10.

Figur 10.

Figur 12.

Figur 13.

Figur 14.

Figur 15.

Figur 16.

Figur 8.

Figur 7.

Figur 6.

Figur 5.

Figur 1.

Figur 2.

Figur 3.

Figur 4.

부록 1 도판 2.
목양성 부근
고묘 발견
인골2

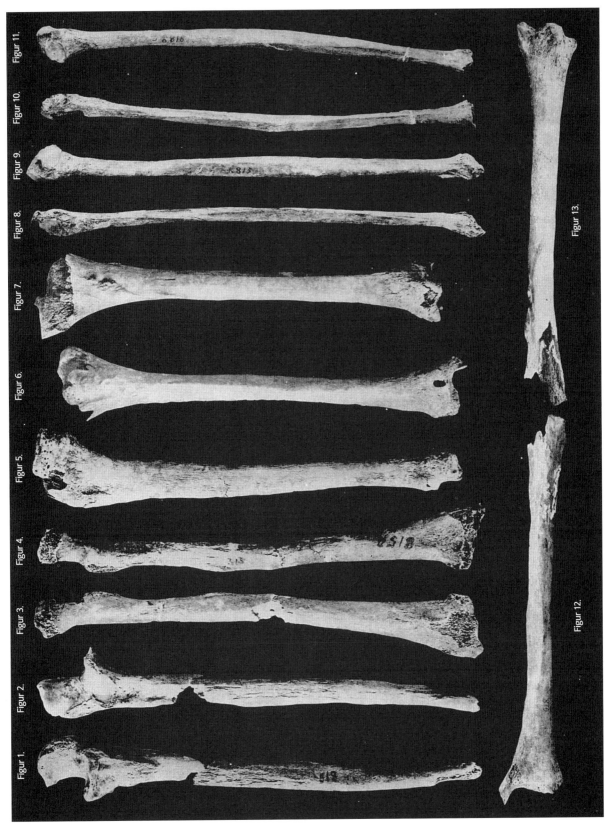

Figur 1. Figur 2. Figur 3. Figur 4. Figur 5. Figur 6. Figur 7. Figur 8. Figur 9. Figur 10. Figur 11. Figur 12. Figur 13.

부록 1 도판 3.
목양성 부근
고묘 발견
인골3

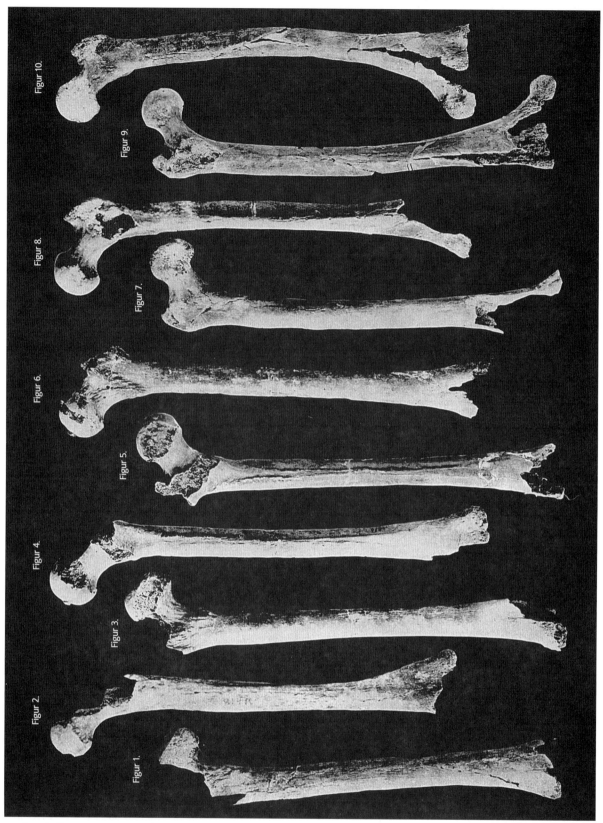

부록1 도판 4.
목양성 부근
고묘 발견
인골4

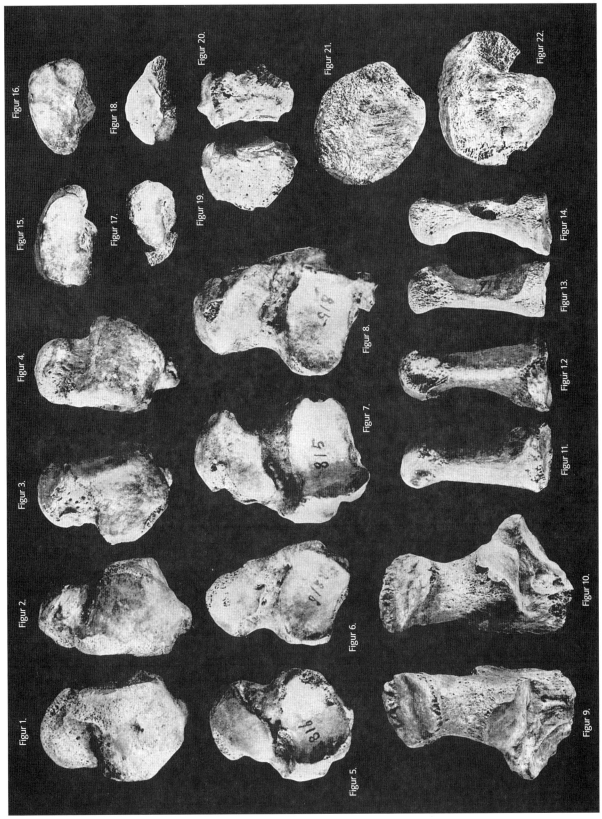

부록 1 도판 5,
목양성 부근
고묘 발견 인골

부록 1 도판 1. 목양성 부근 고묘 발견 인골1
Figur 1. 제3호 제3흉추
Figur 2. 제3호 두개기저 하면
Figur 3. 제3호 환추
Figur 4. 제3호 제9흉추
Figur 5. 제3호 제11흉추
Figur 6. 제3호 제1요추
Figur 7. 제3호 안면두개 하면
Figur 8. 제8호 하악
Figur 9. 제3호 하악
Figur 10. 제9호 하악

부록 1 도판 2. 목양성 부근 고묘 발견 인골2
Figur 1. 제3호 우측 쇄골 상면
Figur 2. 제3호 좌측 쇄골 구면
Figur 3. 제4호 우측 쇄골 후면
Figur 4. 제4호 좌측 쇄골 후면
Figur 5. 제3호 좌측 척골 외측면
Figur 6. 제3호 좌측 척골 전면
Figur 7. 제3호 우측 요골 전면
Figur 8. 제3호 우측 요골 후측면
Figur 9. 제2호 우측 상박골 전면
Figur 10. 제2호 우측 상박골 후면
Figur 11. 제3호 좌측 상박골 전면
Figur 12. 제3호 좌측 상박골 후면
Figur 13. 제3호 우측 상박골 전면
Figur 14. 제3호 우측 상박골 후면
Figur 15. 제4호 우측 상박골 전면
Figur 16. 제4호 우측 상박골 후면

부록 1 도판 3. 목양성 부근 고묘 발견 인골3
Figur 1. 제3호 우측 척골 내측면
Figur 2. 제3호 우측 척골 외측면
Figur 3. 제3호 좌측 요골 후면
Figur 4. 제3호 좌측 요골 후면
Figur 5. 제3호 우측 경골 내측면
Figur 6. 제3호 우측 경골 전면
Figur 7. 제3호 우측 경골 후측면
Figur 8. 제3호 우측 비골 전면
Figur 9. 제3호 우측 비골 후면
Figur 10. 제3호 좌측 비골 전면
Figur 11. 제3호 좌측 비골 후면
Figur 12. 제3호 좌측 경골 전면
Figur 13. 제3호 좌측 경골 후측면

부록 1 도판 4. 목양성 부근 고묘 발견 인골4
Figur 1. 제2호 우측 대퇴골 전측면
Figur 2. 제2호 우측 대퇴골 후측면
Figur 3. 제3호 우측 대토골 전측면
Figur 4. 제3호 우측 대퇴골 후측면
Figur 5. 제3호 좌측 대퇴골 후측면
Figur 6. 제3호 좌측 대퇴골 전측면
Figur 7. 제4호 우측 대토골 전측면
Figur 8. 제4호 우측 대퇴골 후측면
Figur 9. 제4호 좌측 대퇴골 후측면
Figur 10. 제4호 좌측 대퇴골 전측면

부록 1 도판 5. 목양성 부근 고묘 발견 인골5
Figur 1. 제4호 좌측 거골 상면
Figur 2. 제4호 우측 거골 상면
Figur 3. 제3호 좌측 거골 상면
Figur 4. 제3호 우측 거골 상면
Figur 5. 제4호 우측 거골 하면
Figur 6. 제4호 좌측 거골 하면
Figur 7. 제3호 우측 거골 하면
Figur 8. 제3호 좌측 거골 하면
Figur 9. 제3호 좌측 근골 상면
Figur 10. 제3호 우측 근골 상면
Figur 11. 제3호 좌측 제1척골
Figur 12. 제3호 우측 제1척골
Figur 13. 제4호 좌측 제1척골
Figur 14. 제4호 우측 제1척골
Figur 15. 제3호 좌측 족주상골 후면
Figur 16. 제3호 좌측 족주상골 전면
Figur 17. 제4호 우측 족주상골 후면
Figur 18. 제4호 우측 족주상골 전면
Figur 19. 제3호 좌측 투자골 상면
Figur 20. 제3호 우측 투자골 상면
Figur 21. 제4호 우측 슬개골 전면
Figur 22. 제3호 좌측 슬개골 전면

1.
조망

2.
성지 유물
포함 상태

부록 2 도판 1. 산동성 복산현 부근 한대 고성지

부록 2 도판 2. 복산현 고성지 발견 토기 잔편

목양성 牧羊城

부록 2 도판 3. 복산현 고성지 발견 와전 잔편

해제

목양성

– 요동반도 고대사 연구의 출발점

복 기 대

요동반도의 최남단에 위치한 여순(旅順)은 예로부터 발해를 건너 산동반도 지역으로 건너가거나 거꾸로 산동반도나 한반도의 서해 방면에서 만주지역으로 올라가기 위해서 반드시 거쳐가는 중요한 길목

목양성 유적비

요동반도와 발해, 그리고 산동반도

이었다. 특히 산동반도로 건너가게 되면 이른바 중국의 강남 지역으로 나아갈 수 있는 요충지이다. 이러한 자연적 조건으로 인해 이 지역에는 구석기 이후 시대를 불문하고 많은 사람들이 거쳐간 흔적이 남아 있다. 대표적인 것으로 전기 신석기인 쌍타자 1기문화(雙坨子1期文化)부터 후기 청동기시대인 쌍타자 3기문화까지 계속하여 이어져 있고, 그 후에도 차이나계 및 고구려를 비롯한 많은 유적들이 남아 있다. 이 책에서 다룬 목양성(牧羊城) 유적을 대표로 하여, 비자와(貔子窩), 강상

목양성 유적(오른쪽 구릉이 발굴지역이다)

(崗上), 누상(樓上), 후목성역(後牧城驛), 영성자(營城子), 고구려 석성 등등이 그것이다.

근대에 접어들면 이 지역은 국제적 관심을 끌기 시작하여 1800년대 후반 러시아가 남진하자 주변국의 각축을 불러일으켰다. 1904년 러일전쟁 당시 일본은 노기 마레스케(乃木希典)의 지휘 아래 러시아군을 제압하고 마침내 이 지역을 차지하게 되는데, 그 결과 러시아는 태평양으로 진출할 수 있는 좋은 조건을 잃었고 일본은 만주와 중국으로 진출할 수 있는 발판을 확보하게 되었다. 잘 알려진 바와 같이 러일전쟁은 근대 동북아시아의 판도를 바꾼 것으로, 일제의 대한제국 강점과 만주지역 침략에 이어지는 역사가 시작된 것이다. 따라서 러일전쟁 이후 일본은 본격적으로 만주지역을 조사하고 연구하기 시작하였다. 목양성에 관한 조사도 이와 같은 맥락에서 진행되었다.

목양성 유적은 요동반도의 최남단인 여순의 서쪽에 위치한다. 노철산(老鐵山) 서북 기슭의 구만(鳩灣)에 조가탄(刁家疃)과 유가탄(劉家疃) 두 마을이 있는데, 그 동쪽 구릉에 둘러싸인 포구 지역이다.

이곳은 발해와 요동만을 가르는 중심점이 되기도 한 지역으로, 이 노철산의 동쪽은 요동만이 되고, 서쪽은 발해가 되는 것이다. 남으로는 바로 장산군도(長山郡島)를 지나면 산동반도뿐만 아니라 어디로든 갈 수 있고, 북으로는 대련(大連)을 거쳐 요양(遼陽), 심양(瀋陽) 그리고 그 이북까지, 해양은 물론이고 육상으로도 교통의 중심지인 곳이다. 이 포구는 현재와 같이 청대에도 사용되었을 것이고, 일본은 러일전쟁을 준비하는 과정에서 이 일대의 유적을 알게 되었을 것이다. 따라서 목양성은 다른 유적보다 먼저 발견되었다고 여겨진다.

이 유적에 대한 관심은 도리이 류조(鳥居龍蔵)로부터 시작하여, 하마다 고사쿠(浜田耕作)가 일찍이 답사를 수행했다. 이들 기초 조사를 기반으로 1928년 가을 일본의 동아고고학회(東亞考古學會)가 본격적 조사를 주도하였다. 당시 대련에 설치되었던 일본의 관동청박물관과 공동으로 '관동주 노철산록 목양성지 및 그 부근 고묘'에 대한 구체적 발굴이 이루어진 것이다. 이 조사에는 일본 외무성 문화사업부와 남만주철도주식회사가 지원했으며 당시의 여순 사령관이었던 육군 소

목양성 유적 위치

노철산 등대. 등대의 서쪽은 발해, 동쪽은 요동만이 된다.

장 야마다 가쓰야스(山田勝康)의 원조 아래 여순요새 구역내의 원만한 학술조사가 가능했다.

1928년의 조사에 실제 관여한 학자들은 교토제국대학 문학부 교수 하마다 고사쿠 외에 조교인 시마다 사다히코(島田貞彦), 미즈노 세이이치(水野清一), 그리고 도쿄제국대학 문학부에서 하라다 요시토(原田淑人)와 고마이 가즈치카(駒井和愛), 다자와 긴고(田澤金吾), 야와타 이치로(八幡一郎) 등이 참여하였다. 흥미로운 것은 당시 중화민국 북경대학교 조교였던 장암(莊嚴)도 이 조사에 참여하고 있다는 점이다. 뿐만 아니라 직접 발굴에 참여하지는 않았지만 교토제국대학 교수 하네다 도오루(羽田亨), 마쓰무라 료(松村瞭) 등은 견학차 현장을 다녀갔고, 훗날 기마민족설의 제기로 유명해진 에가미 나미오(江上波夫)도 참관했다. 이처럼 당대의 쟁쟁한 학자들이 많은 관심을 기울이고 있다는 점에서도 목양성의 유적으로서의 중요성을 엿볼 수 있다.

당시의 조사에서 이들이 주목한 것은 목양성이 고대로부터 만주가 산동반도와 교류한 중심지였으리라는 점, 그리고 문헌 기록에 나오는 서한(西漢)시대 요동군(遼東郡) 답씨현(沓氏縣) 자리가 이곳일 것이라는 점이었다. 특히 서한과 동한시대에 이 지역이 한의 영토였다는 것을 증명하는 것에 방점이 있었던 것으로 보인다. 그 이유는 이 지역이 한나라 영역이 되어야 한반도에 낙랑군이나, 현토군이 설치된 것이 합리적으로 설명이 가능해지기 때문이다. 조사를 통해 확인된 성벽 및 그 안팎에서 발견된 여러 유물, 특히 교류의 흔적으로 보이는 다양한 화폐들은 이 유적의 시대를 특정하는 데 중요한 근거로 활용되었다. 그 결과 당시의 조사에서 일본인 학자들은 그들의 목적에 부합되는 결론을 도출한 것으로 보인다.

하지만 이 목양성 발굴 보고서를 통해 그들의 조사과정을 다시 복기해 보면 시대를 단정하거나 혹은 지리를 비정하는 데에 재검토의 여지가 존재함을 알 수 있다. 무엇보다 이 발굴은 약 20일에 지나지 않는 짧은 시간에 진행된 것이다. 그 사이에 목양성 발굴 외에 다른 지역 조사까지 발굴팀을 나누어 수행하고 있다. 이러한 조사 과정은 발굴이 집중적이고 면밀하게 이루어지지 못했음을 반증해주는 것이다. 이들이 연대를 편년한 견해는 오로지 확인된 화폐를 근거로 한 것이고, 성벽

목양성 조사단 사진(1928년 가을 촬영, 동방고고학총간 갑종 복각판 월보 수록)

이나 다른 유물들은 화폐로 편년한 연대를 보완하기 위한 수단으로 활용되고 있다. 뿐만 아니라 발굴과 구덩이 파기를 구분하지 않은 수준에서 땅을 파고 있기 때문에 그곳에서 나온 화폐로 연대를 추정하는 것은 매우 위험한 태도이다.

활용한 문헌자료의 분석 방법에도 문제를 지적할 수 있다. 대부분의 문헌 자료는 유기적인 구조로 기록되어 있으므로 요동군에 국한된 기록 외에도 당시의 시대 상황에 맞춘 폭넓은 사료의 검토가 요구된다. 이곳을 서한의 요동군 답씨현으로 결론지은 것은 앞서도 말했지만 동북아시아 고대사 최고의 아킬레스건인 낙랑군을 한반도에 비정함에 따라 요동군이 낙랑군 서쪽에 위치해야하기 때문일 것이다. 그러나 『후한서』의 「동이열전」, 『사기』의 「흉노열전」 등 요동군 설치와 관련된 시대 상황을 알 수 있는 사료들을 검토하면 이러한 위치 비정은 분명 재검토의 여지가 있다. 이는 당시 고고학 연구 방법의 한계이기도 하겠지만, 조선과 만주지역까지 확장된 일본제국의 역사연구라는 정치적 관점이 사료의 올바른 해석을 방해한 점도 존재할 것이다.

하지만 목양성을 비롯한 만주지역의 고대 역사유적에 대해 일본이 수행한 1945년 이전의 연구 자료는 해당 지역에 대한 최초의 발굴 보고서로서 연구의 기준점을 제시한 자료이므로 무턱대고 무시하거나 간과할 수는 없다. 또한 현재는 확인할 수 없는 당시의 모습을 충실히 보여주는 기록으로서도 가치가 있다. 이 최초의 보고서들을 재검토하고 오늘날의 진보된 연구 방법으로 다시 정리한다면 요동지역 및 한국 고대사 연구의 쟁점들을 보완해갈 수 있을 것이다.

일본인에 의해 수행된 만주지역 연구는 모든 보고서가 간행되거나 유물이 정리된 것은 아니지만 『목양성』과 함께 동아고고학회에서 동방고고학 총간으로 출간된 『비자와』(1929)와 『영성자』(1934), 『만선원시분묘연구』(三上次男, 1961), 『남만주조사보고』(鳥居龍藏, 1910) 등은 각 지역에 대한 최초의 조

사 보고서였다. 이 자료들은 요동반도 지역의 고대사 및 해당 지역 연구의 초기 상황을 이해하기 위해서 반드시 검토해야할 자료임에는 틀림없으며 현재 우리 학계에서도 활용되고 있다. 하지만 이들의 조사에는 앞에서 말한 바와 같은 문제점이 존재한다는 점을 염두에 두어야 할 것이다. 향후 비판적인 검토가 이루어지기를 기대한다.

『목양성』의 번역은 이상과 같은 문제의식 아래 1945년 이전에 간행된 일본의 만주지역 고고학 연구자료로서 국역 총서의 하나로 기획된 것이다. 총서 제1권인 『통구(通溝)』에 이은 두 번째 간행이며, 『통구』에서와 같이 박지영 교수의 일본어 번역에 본인의 현장 답사 경험을 보탠 결과물이다. 이어서 『만선원시분묘연구』, 『남만주조사보고』 등 관련 자료들도 조건이 허락하는대로 계속 출간하여 연구의 토대를 제공하고자 한다.

아쉬운 점은 출판시장이 어려워 책을 원본 크기로 간행하지는 못했다는 것이다. 다만 수록된 도판의 화질을 최대한 보완하여 내실을 기하고자 했다. 어려운 현실에도 불구하고 역사연구 발전을 위하여 선뜻 이 번역서의 출간을 허락해주신 주류성 출판사 최병식 회장님께 감사드린다. 그리고 모든 편집 및 출판 과정을 꼼꼼히 챙겨주신 이준 이사님께도 감사드린다.

2019. 5.
복기대